T0161645

LES STOÏCIENS ET L'ÂME

DU MÊME AUTEUR

à la librairie Vrin

La dialectique des stoïciens, « Histoire des doctrines de l'Antiquité classique », 2000.

Socrate et les socratiques, dirigé par G. Romeyer-Dherbey, édité par J.-B. Gourinat, « Bibliothèque d'histoire de la philosophie », 2001.

Les stoïciens, dirigé par G. Romeyer-Dherbey, édité par J.-B. Gourinat, « Bibliothèque d'histoire de la philosophie », 2005.

Logique et dialectique dans l'Antiquité, sous la direction de J.-B. Gourinat et J. Lemaire, « Bibliothèque d'histoire de la philosophie », 2016.

Plotin, *Traité 20, Sur la dialectique*, introduction, traduction, commentaire et notes par J.-B. Gourinat, « Bibliothèque d'histoire de la philosophie », « Les écrits de Plotin », 2016.

chez d'autres éditeurs

Premières leçons sur le Manuel *d'Épictète*, « Major », Paris, P.U.F., 1998.

Le stoïcisme, « Que sais-je ? », Paris, P.U.F., 2007, 5 [e] édition 2017.

Lire les stoïciens, dirigé par J.-B. Gourinat et J. Barnes, « Quadrige », Paris, P.U.F., 2009.

BIBLIOTHEQUE D'HISTOIRE DE LA PHILOSOPHIE
Fondateur Henri GOUHIER		Directeur Emmanuel CATTIN

Jean-Baptiste GOURINAT

LES STOÏCIENS ET L'ÂME

Édition revue et mise à jour

PARIS
LIBRAIRIE PHILOSOPHIQUE J. VRIN
6 place de la Sorbonne, Ve
2017

ISSN 0249-7980
ISBN 978-2-7116-2775-2
www.vrin.fr

PRÉFACE À LA SECONDE ÉDITION

La première édition de ce livre a été publiée il y a plus de vingt ans. La présente édition a été corrigée, complétée et mise à jour, en tenant compte dans la mesure du possible des travaux publiés dans l'intervalle. Étant donné que j'ai moi-même continué à travailler sur ce sujet dans les années écoulées, la question s'est posée de donner une ampleur nouvelle au livre en y intégrant de longs développements tirés de ces travaux. Pour que ce livre continue à rendre les mêmes services que naguère à une nouvelle génération de lecteur, il m'a semblé préférable de lui garder son format originel et de renvoyer le lecteur en note à mes publications, en me contentant d'intégrer brièvement leurs acquis. La spécificité du livre, écrit à l'origine sur la suggestion de Pierre-François Moreau pour la collection « Philosophies » des Presses Universitaires de France, a permis à de nombreux lecteurs de s'initier au stoïcisme en abordant une question centrale de cette philosophie dans un format court et dense. Le livre avait été écrit avec la conviction que la question de l'âme est la question centrale du stoïcisme, et qu'elle permet d'en saisir la signification et les enjeux, et la brièveté toute stoïcienne de l'exposition a pour but d'introduire le lecteur directement au cœur du système stoïcien. Le texte principal n'a été réécrit que dans quelques passages-clés sur lesquels ma position a changé, comme la question des « facultés » de l'âme, la signification du *logos endiathetos* ou la liberté du sage. Dans le reste du livre, je n'ai généralement opéré que des réécritures mineures, conservant même sans grand changement la conclusion du livre, bien que je sois désormais plus enclin à insister sur le caractère déterministe des anciens stoïciens que sur la maîtrise des décisions dans le stoïcisme d'Épictète. En revanche, les notes ont été largement réécrites, et c'est là qu'on trouvera le plus grand nombre de modifications et, je l'espère, d'améliorations par rapport à la précédente édition. J'ai en outre introduit des références systématiques aux fragments des *Philosophes hellénistiques* de Long et Sedley, dont la traduction française n'existait pas lors de la publication de la première édition, et j'ai fait apparaître systématiquement les sources anciennes, au lieu de renvoyer de manière abrégée aux fragments d'Arnim, deux changements de présentation qui seront, me semble-t-il, utiles au lecteur. Je suis très reconnaissant à Anne-Marie Arnaud et à Denis Arnaud d'avoir bien voulu accueillir la nouvelle édition de ce livre aux éditions Vrin, ainsi qu'à Elsa Costantini pour la préparation du volume.

Paris, juillet 2017

QU'EST-CE QUE LE STOÏCISME ?

En un sens, il est peu de philosophies aussi influentes que le stoïcisme : en témoigne la transformation du nom de l'école en nom commun. Mais si l'on dit de quelqu'un : « il est stoïque », c'est souvent en oubliant l'école de philosophie qui a légué ce nom [1] à une certaine maîtrise de soi. Or, par « stoïcisme », on désigne « une austérité, fermeté dans la douleur telle que celle des stoïciens » [2]. Par exemple, lorsque Épictète, l'un des plus célèbres philosophes stoïciens, était esclave, son maître l'avait fait mettre à la torture. Au lieu de se plaindre ou de supplier, Épictète lui aurait simplement dit : « Tu vas me casser la jambe ». Quand sa jambe fut cassée, il ajouta, sans se départir de son calme : « Je te l'avais bien dit ». On pourrait évoquer de même la mort de Sénèque, s'ouvrant les veines sur l'ordre de l'empereur Néron, ou celle de Caton d'Utique, telle que la raconte le même Sénèque.

1. Dans le français moderne, nous distinguons « stoïque » et « stoïcien », ce dernier terme étant le seul à désigner ce qui se rapporte expressément à l'école stoïcienne. Les termes « stoïcien » et « stoïque » apparaissent d'abord dans la langue pour désigner l'école philosophique, puis au XVIIe siècle prennent aussi le sens psychologique et la distinction entre « stoïque » et « stoïcien » s'est peu à peu imposée entre le XVIIe et le XVIIIe siècle. La plupart des langues modernes n'ont pas opéré cette distinction.

2. É. Littré, *Dictionnaire de la langue française*, Paris, Hachette, 1873-1877.

À bien des égards, la figure du philosophe stoïcien, serein et ferme devant la souffrance et la mort est donc, dans notre imaginaire, celle même du philosophe, indifférent à son propre sort et heureux quelles que soient les circonstances. Il faut y ajouter l'indifférence à l'égard des plaisirs, des richesses et des honneurs, une fermeté qui pourra paraître de l'insensibilité, et un peu de *fatalisme*, et le portrait du philosophe stoïcien sera à peu près complet.

Sans doute le grand succès du stoïcisme dans l'Antiquité puis à la Renaissance est-il dû à la séduction qu'exercent alors cet idéal et l'image forte et digne du stoïcien, que, comme le dit Nietzsche, seuls des siècles d'esprit critique et de « scepticisme moral » ont pu affaiblir [1]. Mais le stoïcisme n'a pas été seulement une attitude morale : celle-ci résultait d'une doctrine philosophique aussi complexe que les autres grandes philosophies de l'Antiquité, au point que l'on considère souvent les stoïciens comme les véritables créateurs de l'esprit de système. Dans l'Antiquité, le stoïcisme n'a pas seulement exercé son influence par le prestige de ceux qui se sont efforcés de réaliser l'idéal de vie qu'il proposait, mais aussi par la rigueur et la complexité de sa doctrine. Faute d'une connaissance de cette doctrine, un ouvrage comme les

1. Selon Nietzsche, le scepticisme moral dû à des siècles de christianisme « a fait disparaître à jamais de la terre ces grands vertueux qui abondaient dans l'antiquité, ces hommes populaires qui allaient promenant partout leur foi en leur propre perfection avec une dignité de matadors. Maintenant, élevés que nous sommes à l'école chrétienne du scepticisme, quand nous prenons les livres de morale des anciens, ceux de Sénèque et d'Épictète par exemple nous éprouvons un sentiment de supériorité amusée » (*Le gai Savoir* III 122, trad. A. Vialatte). La « dignité de matador » fait allusion à la naissance de Sénèque à Cordoue : le Moyen Âge et la Renaissance espagnols ont considéré Sénèque comme le premier écrivain espagnol.

Entretiens d'Épictète peut parfois donner l'apparence d'un texte assez plat, d'un ensemble d'admonestations morales dépourvu de richesse spéculative, et qui ne satisfait pas le goût moderne pour les systèmes élaborés. Or, un des plus grands intérêts du stoïcisme, c'est de n'avoir jamais séparé l'activité théorique de la pratique, et de n'avoir produit ni un système entièrement abstrait, ni un simple discours moralisateur[1]. À vrai dire, les stoïciens peuvent paraître parfois un peu *terre à terre*. C'est leur plus grand mérite, car jamais on ne l'a été plus subtilement qu'eux.

La conception stoïcienne de la philosophie

Nous connaissons plusieurs définitions stoïciennes de la philosophie selon lesquelles la philosophie est un exercice ou une *ascèse* de la vertu ou de la rectitude de la raison, une recherche active de la sagesse. Ces définitions peuvent paraître disparates, mais elles sont en fait très proches. En effet, comme nous le verrons, les stoïciens considèrent l'âme comme un corps et ils considèrent la vertu et la raison comme des dispositions particulières de ce corps, qui le rendent apte à agir vertueusement ou rationnellement.

Selon la définition la plus connue, la philosophie est pour les stoïciens l'exercice ou l'ascèse par laquelle l'âme est rendue sage : « les stoïciens disaient que la sagesse est la science des affaires divines et humaines, et que la philosophie est l'ascèse d'un art approprié »[2]. Or cet art approprié à la possession de la sagesse, selon les stoïciens, c'est la vertu. Cette définition s'harmonise donc avec celle de Sénèque, pour qui la philosophie est une « application à la vertu » (*Lettres* 89, 8).

1. *Cf.* Sénèque, *Lettres* 94-95.
2. [Plutarque] *Plac.* I, préface (LS 26 A).

La troisième définition – la philosophie est « l'ascèse de la rectitude de la raison » – est celle de Chrysippe[1]. Le terme grec *logos* qui est employé ici signifiant à la fois *langage* et *raison*, certains interprètes modernes pensent qu'il faut comprendre que la philosophie consisterait dans l'exercice d'un langage correct[2]. Mais, en fait, la droite raison semble plutôt être l'un des noms que les stoïciens donnaient à la vertu[3]. Si vertu et raison sont la même chose, cette définition a donc le même sens que les précédentes.

Ceci dit, quel est le rapport de cet exercice, de cette ascèse, avec la sagesse ou la vertu ? La thèse des stoïciens semble bien avoir été que celui qui pratique la philosophie ne possède pas encore la sagesse ou la vertu. Voici comment l'exprime Sénèque au § 4 de sa *Lettre 89* : « la sagesse est le bien parfait de l'esprit humain ; la philosophie est l'amour et la recherche de la sagesse ; la seconde tend vers ce à quoi parvient la première ». Cette conception est proche de l'étymologie et de la définition traditionnelle du terme depuis son inventeur supposé, Pythagore : la philosophie est l'amour de la sagesse, c'est-à-dire le désir d'une sagesse absente, dont on n'a pas la possession. Ce thème était devenu un lieu commun de la philosophie grecque, par exemple dans le *Banquet* de Platon, 204a : « Aucun des dieux ne philosophe ni ne désire devenir savant, car il l'est ; et, en général, si l'on est sage, on ne philosophe pas ». D'une façon générale, les philosophes stoïciens étaient modestes quant à leur sagesse réelle : Sénèque rapporte par exemple que Panétius considérait qu'il était « loin d'être un sage » (*Lettres* 116, 5) et c'est une maxime

1. Isidore de Péluse, *Lettres* V, 558 (*Patrol. graec.* 78 col. 1637).

2. A. Gräser, *Zenon von Kition, Positionen und Probleme*, Berlin-New York, De Gruyter, 1975, p. 13.

3. Cicéron, *Tusculanes* IV 34.

stoïcienne qu'il n'a pas encore existé de sage, ou seulement un ou deux [1].

Au témoignage de Sénèque, toutefois, il semble bien que « certains » des stoïciens n'aient pas partagé ce point de vue : « Tout en considérant que la philosophie est une application à la vertu, et que, tandis que cette dernière est ce qui est obtenu, la première est ce qui l'obtient, certains d'entre nous ont pensé qu'il était impossible qu'elles soient séparées. Car il n'y a pas de philosophie sans vertu ni de vertu sans philosophie. La philosophie est l'exercice de la vertu, mais au moyen de la vertu elle-même ; et il ne peut y avoir de vertu sans exercice ni d'exercice de la vertu sans la vertu elle-même » (*Lettres* 89, 8). Nous ne savons malheureusement pas qui étaient les stoïciens qui soutenaient cette thèse. Mais le sens en est assez clair : si la philosophie est l'exercice de la vertu, elle suppose que l'on soit vertueux. Or si l'on admet que seul le sage est réellement vertueux parce que seul il possède toutes les vertus, il faudra en conclure que le philosophe est un sage.

Cette position ne semble pas avoir été majoritaire parmi les stoïciens, puisque l'Antiquité rapporte plus volontiers les thèses sur la rareté du sage et que Sénèque lui-même ne paraît pas reprendre à son compte la thèse de l'inséparabilité de la philosophie et de la vertu. La plupart des stoïciens semblent plutôt avoir considéré que c'est l'exercice de la philosophie qui permet de devenir sage, c'est-à-dire de disposer son âme à toujours vouloir la même chose, et à toujours repousser la même chose, comme Sénèque, *Lettres* 20, 5. La sagesse est science du divin et de l'humain, mais cette science ne sera acquise que lorsque

1. Sextus, *AM* VII 432 ; IX 33 ; Porphyre, *De l'abstinence* III 2, 3 ; *cf.* Eusèbe, *Préparation Évangélique* VI 8, 13 ; Cicéron, *Des fins* IV 15 ; Alexandre d'Aphrodise, *Fat.*, c. 28.

le philosophe se sera rendu égal à Dieu par la constance tranquille et heureuse de son âme : c'est précisément ce que promet la philosophie (*Lettres* 31, 8-9). En ce sens, la philosophie n'est donc pas la sagesse mais seulement promesse de sagesse : la sagesse est un état de l'âme constant, la philosophie est l'exercice ou l'ascèse toujours renouvelés au moyen desquels le philosophe s'efforce à cet état de vertu.

Or la vertu, pour les stoïciens, est triple : vertu logique, vertu éthique, vertu physique. Si la philosophie est une ascèse vers la vertu, elle sera donc tripartite : logique, éthique, physique. En vérité, néanmoins, c'était un point de discorde entre stoïciens que de savoir si ces parties étaient vraiment des parties de la philosophie ou seulement des parties du discours philosophique. La position majoritaire était bien plutôt qu'il s'agissait de parties du discours philosophique [1], la philosophie elle-même en tant qu'ascèse ne pouvant guère être divisée en parties, car cela risquerait de conduire à privilégier telle ou telle partie, s'éloignant ainsi de l'idéal stoïcien de sagesse intégrale.

Néanmoins, la reconnaissance par les stoïciens de la vertu logique et de la vertu physique en plus de la vertu éthique est une véritable révolution. Elle est étroitement liée à une conception nouvelle de la vertu et du rôle de la philosophie. L'une et l'autre sont en effet considérées comme à la fois théoriques et pratiques : toute vertu est

1. D. L. VII 39 et 41. *Cf.* P. Hadot, « Philosophie, discours philosophique et divisions de la philosophie chez les stoïciens », *Revue internationale de philosophie*, 45 (1991), p. 205-219. Voir aussi K. Ierodiakonou, « The Stoic division of philosophy », *Phronesis*, 38 (1993), p. 57-74.

théorique et pratique [1], et la philosophie contemple et agit en même temps [2]. Ainsi la vertu physique consiste à connaître la nature et à vivre en harmonie avec elle, la vertu éthique concerne la « vie humaine » dans ses rapports avec autrui, et la vertu logique consiste dans le bon usage de la raison [3]. De ces trois vertus, en un sens, la plus haute est la vertu physique : la connaissance de la nature inclut la contemplation des dieux et la vie en harmonie avec la nature, comprise notamment comme soumission au destin, est le but ultime du stoïcisme, le « bien suprême ». Mais aucune de ces vertus ne peut être pratiquée séparément des autres ou de préférence aux autres.

Pour les stoïciens, la vertu morale n'est donc qu'un des sens de la vertu et l'excellence dans la pratique ne doit pas s'identifier avec la vertu morale. Dans un raisonnement d'inspiration stoïcienne, Philon écrit que « la vertu est à la fois théorique et pratique. Elle contient en effet de la théorie, puisque l'accès à la vertu passe par la philosophie au moyen de ses trois parties (logique, morale et physique) et elle contient aussi des actions : car la vertu est l'art de la vie dans son ensemble, dans lequel [rentrent] les actions » (*Allégories des lois* I 56). Musonius Rufus dit que la « vertu est une science qui n'est pas seulement théorique mais aussi pratique, comme la médecine et la musique » (*Sur l'exercice* § 1). Pour lui, la vertu, comprise comme une science comparable à la médecine ou à la musique, suppose à la fois la connaissance des théorèmes et un *exercice* en conformité avec les théorèmes de la science. La médecine

1. D. L. VII 126 ; Musonius Rufus, *Sur l'exercice* § 1, (*Reliquiae*, p. 22, 7-8) ; Sénèque, *Lettres* 94, 45.

2. Sénèque, *Lettres* 95, 10.

3. Voir [Plutarque], *Plac.* I, préf. (LS 26 A) et Cicéron, *Des fins* III 72-73.

est indistinctement la connaissance de la maladie et des soins, et l'application de ces connaissances pour tenter de guérir le malade. C'est aussi par comparaison avec la médecine que Chrysippe justifiait le plan de son traité *Des passions* : trois livres théoriques décrivant les passions et un livre « thérapeutique » présentant les remèdes à appliquer[1].

La conception stoïcienne de la vertu contraste donc singulièrement avec le point de vue d'Aristote, par exemple. La fin de l'*Éthique à Nicomaque* manifeste en effet une tension entre l'aspiration à la vie contemplative, quasi-divinisation de l'homme, qui lui permet de jouir d'un bonheur plus qu'humain (X, 7-9), et la valorisation de l'action politique en tant qu'accomplissement de la nature humaine (X, 10). Rien de tel dans la pensée stoïcienne, où théorie et pratique ne sont pas des activités dissociées, et ne constituent pas des vertus distinctes, mais les aspects complémentaires et inséparables d'une même vertu. La conception stoïcienne de la philosophie est nettement active : on exerce la philosophie comme on exerce la médecine, mais sur soi-même plutôt que sur autrui.

HISTOIRE DU STOÏCISME ANTIQUE

L'école stoïcienne fut fondée par Zénon de Citium (env. 334-262). C'est lui qui instaura les principaux dogmes de l'école, et divisa le discours philosophique stoïcien en trois parties. Ses premiers disciples furent parfois appelés « zénoniens », et « stoïciens » parce que Zénon avait l'habitude de deviser en se promenant sous le Portique

1. Galien, *PHP* IV 1, 14-17, p. 238, 1-23 éd. De Lacy (*SVF* III 461). Voir T. Tieleman, *Chrysippus'* On Affections, Leyde, Brill, 2003, p. 325-326.

Bariolé (*Stoa Poikilos*), dit « bariolé » parce qu'il était orné de peintures. Zénon avait écrit au moins une vingtaine de traités, tous perdus. Pour lui, comme la plupart des stoïciens, nous ne connaissons donc plus son œuvre et sa philosophie que par de courtes citations, des résumés comme celui de Diogène Laërce, ou les critiques qui leur étaient adressées par des philosophes postérieurs, comme Cicéron, Plutarque, Sextus Empiricus ou Galien.

Parmi les disciples de Zénon, Ariston de Chio rejeta la logique et la physique, et même certaines parties de la morale comme l'admonestation. Le successeur immédiat de Zénon à la tête de l'école fut donc Cléanthe, qui fit ce qu'il put pour défendre la doctrine de son maître : son principal mérite semble avoir été un réel talent littéraire et poétique, qu'il mit à profit dans une cinquantaine d'ouvrages, dont nous n'avons conservé que le très célèbre *Hymne à Zeus*.

C'est à son successeur que revient le mérite d'avoir fait du stoïcisme la doctrine la plus durablement influente de l'Antiquité. Chrysippe (env. 280/276-208/204) a écrit un nombre considérable de traités (totalisant plus de 700 volumes). Son prestige équivalait à celui de Platon ou d'Aristote, dépassant largement celui de Zénon. On disait tout à la fois qu'il était exceptionnel en philosophie, qu'il n'y aurait plus eu de stoïcisme sans lui, et que si les dieux avaient une dialectique, ce serait celle de Chrysippe. C'est à vrai dire un cas assez particulier dans l'histoire de la philosophie : contrairement à Platon, à Aristote, à Épicure ou à Zénon, il n'a pas inventé de système mais développé celui du fondateur de l'école, et il n'en reste pas moins un philosophe de génie, car il a marqué la philosophie par un talent dialectique hors du commun.

Ses trois successeurs furent Zénon de Tarse, Diogène de Babylonie et Antipater de Tarse. Le successeur d'Antipater, Panétius (né env. 185/180 et mort probablement vers 110/109), acquit une grande notoriété par ses innovations. On l'a souvent considéré comme appartenant à une nouvelle période du stoïcisme, le « moyen stoïcisme » [1]. Il est à la fois le dernier grand chef de l'école à Athènes et celui qui introduisit le stoïcisme à Rome. Plus célèbre encore est Posidonius (né vers 140 ou 130). Il fut l'élève de Panétius à Athènes, mais fonda une autre école à Rhodes, où il eut des élèves ou des visiteurs romains prestigieux comme Cicéron ou Pompée. De tous les stoïciens, c'est l'esprit le plus encyclopédique : il écrivit aussi des ouvrages d'histoire, de mathématiques et de géographie. Il restaura contre Panétius la notion de sympathie universelle et l'intérêt pour la divination. Observant l'Atlantique à Cadix, il remarqua l'influence des phases de la Lune sur les marées.

Caton d'Utique (94-46) rendit le stoïcisme crédible à Rome par une vie et une mort exemplaires, guidées par ses convictions stoïciennes. Mais c'est Sénèque (env. 1 av. J.-C.-65 apr.) qui est le premier auteur célèbre de ce que l'on appelle le *stoïcisme romain* ou *impérial*. Il fut le précepteur de l'empereur Néron, puis son ministre, et lui dédia son traité *De la clémence*, idéal d'un empereur éclairé par la philosophie. Il semble avoir sincèrement espéré l'influencer, mais n'y réussit guère. Il finit par se retirer, puis se compromit dans la conjuration ourdie par Pison contre Néron et reçut l'ordre de s'ouvrir les veines. Son

1. L'expression est due à A. Schmekel, *Die Philosophie der mittleren Stoa*, Berlin, Calvary, 1892. Pour une présentation critique et une réinterprétation de cette catégorie historique, voir désormais C. Veillard, *Les stoïciens*, II, *Le stoïcisme intermédiaire*, Paris, Les Belles Letttres, 2015.

contemporain Musonius Rufus est tout son contraire : professeur, opposant à Néron, il n'a rien publié. Il fut le maître d'Épictète, esclave affranchi qui lui succéda à la tête de l'école qu'il dirigeait à Rome.

Comme son maître, Épictète (55-135) n'a rien publié. Mais son disciple Arrien a transcrit un grand nombre de ses *Entretiens*, publiés sous le nom d'Épictète, ainsi qu'un *Manuel*, qui concentre quelques-unes de ses plus saisissantes pensées. On pense que les notes prises par Arrien ne reflètent pas les cours d'Épictète (généralement la lecture et le commentaire d'un texte de Zénon et de Chrysippe), mais la libre discussion qui s'ensuivait : d'où le caractère vivant et peu dogmatique des textes d'Épictète. Il semble bien qu'Épictète se soit conformé à la tripartition traditionnelle de la philosophie stoïcienne. C'est ce qu'a montré Pierre Hadot à partir de plusieurs passages des *Entretiens*, et d'une citation d'Épictète par Marc Aurèle [1]. Par exemple :

> Où se trouve ta tâche propre ?
> (1) Elle se situe dans le désir et l'aversion, afin que tu ne manques pas ton but et ne tombes pas dans ce que tu redoutes.
> (2) Elle se situe dans les tendances positives et négatives, afin que tu sois sans faute dans l'action.
> (3) Elle se situe dans l'assentiment, et la suspension de l'assentiment afin que tu ne sois pas dans l'erreur.
> Tels sont les trois domaines premiers et ce qu'il y a de plus nécessaire (I 4, 11-12, trad. Hadot).

Selon Hadot, le troisième thème correspond à la logique stoïcienne, « méthode d'éducation du discours extérieur

1. P. Hadot, *Exercices spirituels et philosophie antique*, Paris, Albin Michel, 2002, p. 165-192. *Cf.* Épictète, *Entretiens* I 4, 11 ; I 21, 2 ; III 2, 1 ; Marc Aurèle, *Écrits pour lui-même* XI 37.

et intérieur », et le second à l'éthique stoïcienne et aux « actions appropriées ». L'identification de ces thèmes est en effet facilitée par l'indication donnée par Épictète lui-même, selon laquelle on passe trop de temps au troisième thème, c'est-à-dire aux « raisonnements instables, à ceux qui concluent par le moyen d'interrogations, aux raisonnements hypothétiques et aux sophismes » (III, 2, 6). Tout en admettant que le « rapport entre le premier thème et la physique (...) est plus difficile à saisir », P. Hadot reconnaît celui-ci dans celle-là parce que la « discipline du désir » consiste en effet à distinguer ce qui dépend de nous et ce qui n'en dépend pas et à accepter avec joie ce qui est l'œuvre de la nature universelle et ne peut donc être un mal. « Cette acceptation exige donc une vision « physique » des événements, capable de dépouiller ces événements des représentations émotives et anthropomorphiques que nous projetons sur eux, pour les replacer dans la perspective de l'ordre universel de la nature, dans une vision cosmique » (p. 172).

Après Épictète, le dernier des grands philosophes stoïciens est l'empereur Marc Aurèle (121-180). Il ne laissa qu'un seul ouvrage, les *Pensées* ou *Écrits pour lui-même*, qui semble être un texte à usage privé où Marc Aurèle n'écrit que pour se discipliner lui-même. Ce livre n'est pas un exposé doctrinal du stoïcisme, mais un ensemble d'« exercices spirituels » destinés à le mettre en pratique. En utilisant comme clé les trois règles de vie ou *disciplines* d'Épictète, Hadot a pu montrer comment les trois parties traditionnelles de la philosophie stoïcienne sont *pratiquées* et non pas théorisées par Marc Aurèle. Ainsi, la logique s'exerce comme « discipline de l'assentiment », la physique comme « discipline du désir » et l'éthique comme

« discipline de l'action »[1]. Toutefois, Marc Aurèle établit entre ces trois disciplines une hiérarchie : le plus important, selon lui, c'est ce qu'il y a de « communautaire » ou de « sociable » en l'homme (l'éthique) : la maîtrise des affections du corps ne vient qu'au second rang et un assentiment infaillible et pesé ne vient qu'au troisième rang (*Écrits pour lui-même* VII, 55). Cette fermeté d'âme devant la douleur que nous nous représentons comme l'essence du stoïcisme est donc pour lui moins importante que la bienveillance et la justice à l'égard d'autrui. Et il considère même comme insuffisantes l'endurance et la résistance ascétique comme celles de Socrate veillant dehors par une nuit de gel (VII 66). Par ailleurs, il a renoncé à la physique théorique et à la dialectique comprise comme capacité à vaincre dans la discussion (VII 66-67). Avec lui, il faut donc faire quelque droit à l'image d'un stoïcisme centré sur l'éthique ; mais, il faut dire aussi que hiérarchiser n'implique pas de renoncer à la pratique de *toutes* les vertus stoïciennes traditionnelles (*cf.* VII 67).

1. *Cf.* P. Hadot, *La citadelle intérieure*, Paris, Fayard, 1992.

L'ÂME ET SES PARTIES

LA NATURE CORPORELLE DE L'ÂME

Pour les stoïciens, l'âme est une réalité corporelle. Ce qui les avait amenés à cette conviction, c'est la question délicate du rapport de l'âme et du corps. Cicéron remarque en effet que Zénon s'écartait sur ce point de la plupart des philosophes antérieurs « en jugeant qu'une chose qui serait dépourvue de corps, telle que Xénocrate et d'autres avant lui décrivaient l'âme, ne pourrait produire aucune sorte d'effet » (*Ac.* I 39 = LS 45A). Ce raisonnement repose sur deux considérations simples.

La première est le constat de l'existence de l'âme, qui s'appuie sur l'observation de l'autonomie de mouvement qui est caractéristique de la vie animale (l'homme étant compris parmi les animaux), et distingue les êtres animés, c'est-à-dire doués d'une âme. Certains êtres se distinguent des autres par le fait qu'ils se meuvent d'eux-mêmes et cette autonomie de mouvement suppose une certaine forme de conscience du monde environnant, car le mouvement autonome manifeste une forme d'impulsion qui provient de la représentation que l'animal se fait des choses[1]. L'âme n'est rien d'autre que le nom que l'on donne à la réalité, quelle qu'elle soit, qui procure cette capacité aux animaux.

1. Origène, *Des principes*, III 1, 2-3 (*SVF* II 988 ; LS 53 A).

Il n'y a donc rien de plus évident que l'existence de l'âme en ce sens.

La seconde est l'idée que seul un corps possède la capacité de produire ou de subir un effet. Dans la mesure où l'âme est ce qui possède la capacité de produire les mouvements du corps, elle doit être corporelle.

Cléanthe transforma l'argument en ajoutant qu'« un corps et un incorporel ne peuvent pas se transmettre ce qu'ils éprouvent » (LS 45 C). Autrement dit, si l'âme doit communiquer un mouvement au corps et si, inversement, le corps doit transmettre à l'âme ce qu'il ressent, il faut qu'ils soient homogènes l'un à l'autre ; l'âme ne peut donc être incorporelle. L'argument tiré de la nature propre de l'âme devient ici celui de la possibilité de contact et d'interaction entre deux réalités homogènes.

Si l'on admet ces arguments, reste à concevoir la nature propre de l'âme, qui ne doit pas être le même type de corps que le reste du corps qu'elle anime. Pour les stoïciens, l'âme est ce qu'ils appellent un *pneuma*. Le terme a été traduit par le latin *spiritus*, qui est à l'origine du mot français *esprit*. Or, par « esprit », nous entendons généralement une substance incorporelle. En fait, le *pneuma* stoïcien correspond plutôt à l'usage que nous faisons du terme dans le mot composé « esprit-de-vin », par lequel nous désignons la partie volatile d'un corps que l'on distille. Les stoïciens disent en effet du *pneuma* de l'âme que c'est une « exhalaison » à partir des liquides corporels, notamment le sang, alimentée par la respiration [1]. Il faut donc se

1. Le témoignage le plus fiable sur la description de l'âme comme une « exhalaison douée de sensibilité » se trouve dans le témoignage d'Eusèbe de Césarée, *Préparation Évangélique* XV 20, 2 citant Arius Didyme. Selon ce témoignage, Cléanthe aurait attribué à Zénon une telle description de l'âme, et celui-ci se serait inspiré d'Héraclite. Les âmes

représenter une substance extrêmement volatile, qui ne serait pas plus consistante qu'une vapeur, un gaz ou même un « souffle ». C'est ce dernier terme que l'on retient le plus souvent pour traduire *pneuma*.

En effet, pour les stoïciens, le « souffle » de l'âme est la marque même de la vie, car c'est lui qui se manifeste dans la respiration. Ce souffle n'est pas l'air que nous respirons, il est interne et naturel, mais c'est précisément la respiration qui l'alimente. Chrysippe disait qu'« il est certain que nous respirons et vivons par une seule et même chose. Or nous respirons par le souffle connaturel : donc nous vivons aussi par le même souffle. Or nous vivons par l'âme. On s'aperçoit donc que l'âme est le souffle connaturel ». De même, pour Zénon, « ce qui, disparu du corps, entraîne par là la mort de l'animal, est certainement l'âme ; or quand le souffle connaturel disparaît du corps, l'animal meurt : donc l'âme est le souffle connaturel »[1]. La nature pneumatique de l'âme était donc déduite par les stoïciens de façon très simple de l'observation la plus

ressembleraient à l'évaporation qui s'exhale à la surface des fleuves. Cette description vaut à la fois pour l'âme du monde et pour les âmes individuelles des hommes et des animaux qui sont des rejetons de l'âme du monde. (XV 20, 4). Ce témoignage ne précise pas de quel liquide les âmes individuelles s'exhalent, mais la thèse de l'exhalaison du sang semble remonter à l'ancien stoïcisme et être partagée par Zénon, Cléanthe et Chrysippe (Galien, *PHP* II 8, 48, p. 166, 12-14 = *SVF* I 140 ; cf. *SVF* II 783) : elle se retrouve chez Marc Aurèle, V 33, 4. La respiration qui apporte continûment l'air froid du dehors dans la chaleur du corps entretient cette exhalaison : l'âme « doit sa substance et sa formation à des éléments humides, [...] tandis que le mélange avec l'air inspiré renouvelle à tout moment l'exhalaison, dénaturée et modifiée par le courant qui fait irruption de l'extérieur, avant d'y repartir » (Plutarque, *Not. Comm.* 47, 1085A, trad. Babut).

1. Calcidius, *Commentaire du Timée*, c. 220 (*SVF* II 879 ; en partie dans LS 53 G).

élémentaire : un animal qui vit respire ; lorsqu'il cesse de respirer, il a cessé de vivre, il vient d'« expirer », ou de « rendre son dernier souffle » ; il paraît donc assez naturel d'établir une équivalence entre la vie, l'âme et le souffle qui nous quitte lorsque nous mourons. Du reste, Zénon et Chrysippe ne faisaient là que s'inspirer des réflexions les plus répandues parmi les médecins de l'époque. On trouve déjà une notion de souffle inné dans les textes d'Aristote, qui l'oppose à l'air extérieur que nous respirons [1] : c'est une notion d'origine médicale. Aristote n'en fait pas l'âme, mais seulement un instrument de l'âme. Zénon franchit le pas en l'identifiant à l'âme, peut-être précédé par certains médecins. Chrysippe définira donc l'âme en disant que c'est « notre souffle connaturel et unificateur, parcourant tout le corps tant que la respiration normale de la vie reste dans le corps » [2]. Ce souffle connaturel de la vie, souffle par lequel nous respirons et vivons, va au cœur et en revient, et toutes les activités de l'âme seront du même coup décrites sur le modèle de la respiration, comme un mouvement de va-et-vient du souffle entre la partie centrale de l'âme et le reste du corps auquel l'âme est mêlée.

On serait tenté de qualifier cette conception de l'âme de « matérialiste ». Aux yeux des stoïciens, c'est pourtant ce qu'elle n'est pas : c'est une conception corporelle, mais les stoïciens distinguent la matière du corps. Un corps est pour eux quelque chose qui subit ou qui agit, mais ils distinguent la matière, passive et inerte, du souffle, essentiellement actif. Le souffle est une réalité active et dynamique, qui diffère en tant que telle de l'inertie de la

1. Aristote, *Parties des animaux*, 659b19 : « ce souffle appartient par nature à tous et n'est pas introduit du dehors ».

2. Galien, *PHP* III 1, 10, p. 170, 9-10 (*SVF* II 885).

matière. Sans ce souffle, la matière serait informe et inconsistante, et les stoïciens étendent cette conception psychologique et médicale à l'ensemble de la réalité, dont ils se font ainsi dans sa totalité une image pneumatique et dynamique[1].

En effet, selon les stoïciens, le souffle de l'âme n'est pas la seule réalité pneumatique. Le *pneuma* est un composé d'air et de feu[2], dont il existe trois formes : le souffle « dispositif », présent dans les pierres et les os, qui a pour fonction de tenir le corps et d'assurer sa cohérence, le souffle physique ou naturel, commun aux plantes et aux animaux, qui assure la croissance, et le souffle psychique (le souffle de l'âme), spécifique aux animaux, qui produit les représentations et dirige tout mouvement[3]. La notion de souffle est donc une des pierres angulaires de la physique stoïcienne et Chrysippe lui assigne la fonction de donner forme aux choses, puisque ce sont des « souffles et des tensions de l'air qui informent et façonnent chacune de ces portions de la matière où elles surviennent ». Autrement dit, les qualités des corps ne sont jamais qu'un certain souffle et une certaine tension de l'air. C'est le souffle qui maintient les corps et si chacun des corps a telle ou telle qualité, d'après les *Recherches physiques* de Chrysippe, la « cause en est l'air qui les maintient et qu'on appelle

1. Sur le « corporalisme » plutôt que le matérialisme des stoïciens, voir J.-B. Gourinat, « La théorie stoïcienne de la matière : entre le matérialisme et une relecture "corporaliste" du *Timée* », dans C. Viano (dir.), *L'alchimie et ses racines philosophiques. La tradition grecque et la tradition arabe*, Paris, Vrin, 2005, p. 37-62.

2. Galien, *PHP* V 3, 8, p. 306, 24-27 (*SVF* II 841, LS 47 H) ; Alexandre d'Aphrodise, *Mixt.*, 10, p. 224, 14-17 Bruns (*SVF* II 442, LS 47 I).

3. Galien, *Introduction médicale*, 9, p. 697, 6-8 (*SVF* II 716, LS 47 N).

dureté dans le fer, consistance dans la pierre, blancheur dans l'argent »[1].

Par rapport aux autres souffles, la spécificité du souffle psychique réside donc dans les capacités qui lui sont propres et constituent l'âme : la représentation et l'impulsion[2]. C'est en effet le souffle psychique qui emplit les membres qu'il « dirige et contrôle »[3], et qui conduit les messages des sens à la partie centrale de l'âme pour que celle-ci se les représente. Par là, les stoïciens se distinguaient d'Aristote, qui avait assigné une « *âme* nutritive » aux plantes : les stoïciens se contentent de leur assigner un souffle « naturel », détenteur des fonctions qu'Aristote assigne à l'âme nutritive, la nutrition et la croissance, à l'exception de la fonction reproductrice, qu'ils attribuent au souffle psychique[4].

Les notions de souffle naturel et de souffle psychique sont restées vivaces à travers toute la médecine antique, médiévale et classique, et elles ont eu une importance considérable. Toutefois, dans la plupart des cas, le souffle psychique n'est pas considéré comme l'âme elle-même, mais comme un instrument de l'âme, celui par lequel elle entre en contact avec le corps et assure l'essentiel de ses fonctions. C'est à peu de choses près le rôle que Descartes lui fait encore jouer au XVIIe siècle sous le nom d'« esprits animaux », traduction française du « *pneuma* psychique »

1. Plutarque, *Contr. Stoic.* 43, 1053 F (*SVF* II 449, LS 47 M), trad. Bréhier.

2. Hiéroclès, *El. moral.*, 1a, 31-33.

3. Calcidius, *Commentaire du Timée*, c. 220 (*SVF* II 879, LS 53 G).

4. Pour un exposé plus détaillé, voir désormais J.-B. Gourinat, « À propos d'une conception antique de la vie : la nature et le vivant chez les stoïciens », dans M. Heeren et I. Schüssler (éd.), « *Penser la vie. Contributions de la philosophie* », *Études de lettres*, 281 (2008), p. 69-96.

des stoïciens par l'intermédiaire du latin *spiritus animalis*. Dans le *Traité des passions* (art. 10), Descartes définit les esprits animaux comme « les plus vives et les plus subtiles parties du sang que la chaleur a raréfiées dans le cœur », ce qui correspond à la conception stoïcienne. À l'article 11, il en fait la cause du mouvement des muscles et aux articles 32, 34 et 35, il leur rapporte la sensation dans la mesure où ce sont eux qui, circulant entre les cavités du cerveau, unifient les impressions en provenance des nerfs pour les transmettre à la glande pinéale. Cette double fonction est conforme à celle qui est assignée par les stoïciens au souffle psychique.

LES PARTIES DE L'ÂME

L'âme ou souffle psychique est répandu à travers tout le corps et s'y divise en huit parties qui ont chacune leur rôle propre. Pour les stoïciens, ces parties sont d'une part la partie centrale et directrice, qu'ils appellent la partie « hégémonique » ou la *dianoia*[1] (« intelligence » ou « pensée »), parfois *noûs* (« intellect ») comme Marc Aurèle[2], d'autre part la partie vocale, la partie reproductrice

1. Beaucoup de contresens sur les textes stoïciens viennent de ce que l'on ne prend pas conscience que le terme *dianoia* n'est dans le vocabulaire stoïcien que l'un des noms de la partie hégémonique : « la même partie de l'âme qu'ils appellent pensée et partie directrice » (Plutarque, *Vertu morale*, 3, 441C = LS 61B ; cf. *SVF* II 894 ; III 306). La pensée n'est pas comme dans les dialogues de Platon un certain type d'activité de l'âme (*République* VII, 511d). Aussi, chez D. L. VII 49, ne faut-il pas comprendre, comme Bréhier, que « la représentation vient d'abord, puis la pensée réfléchie qui énonce ce qu'elle éprouve » mais que « la représentation vient d'abord, puis la pensée, douée de capacité à parler, énonce ce qu'elle éprouve du fait de la représentation ».

2. *Cf.* Marc Aurèle, III 16, 1-2 ; V 27, 2 ; XII 3, 1. Marc Aurèle emploie aussi le terme « hégémonique » et le terme *dianoia*.

et les cinq sens[1]. Ils distinguent ces huit parties des trois « facultés »[2] ou « altérations »[3] de l'âme que sont la représentation, l'impulsion et l'assentiment, cette dernière étant plus ou moins considérée comme propre aux âmes rationnelles (c'est-à-dire celles des êtres humains et l'âme du monde). Ces fonctions sont en effet des facultés de la partie hégémonique qui déterminent la plupart des activités du corps et commandent même les activités des autres parties de l'âme. La notion de « partie » de l'âme ne doit d'ailleurs pas induire en erreur : les différentes parties de l'âme ne sont pas constituées par des portions statiques du souffle psychique, puisqu'au contraire le modèle de l'activité de l'âme est celui de l'écoulement : « Les parties de l'âme s'écoulent comme de la source d'une rivière depuis leur

1. Voir [Plutarque], *Plac.* IV 21, 903A-C (*SVF* II 836, LS 53 H).

2. Le terme « faculté » (*dunamis*) se trouve dans le témoignage de Jamblique sur la conception stoïcienne de l'âme cité par Stobée, *Eclog.* I, p. 367, 17-22 (*SVF* II 826, LS 28F), p. 368, 12-20 (*SVF* II 826, LS 53K). Comme le remarque T. Tieleman, *Chrysippus'* On Affections, Leyde, Brill, 2003 p. 38, on peut douter que les stoïciens aient employé le terme de « faculté » et l'inclusion du *logos* comme une quatrième faculté est encore plus suspecte. Voir aussi la discussion de M.-O. Goulet-Cazé, « À propos de l'assentiment stoïcien », dans M.-O. Goulet-Cazé (éd.), *Études sur la théorie stoïcienne de l'action*, Paris, Vrin, 2011, p. 73-236, ici p. 80-89 (qui ne mentionne pas la position de Tieleman). On notera néanmoins que l'on trouve fréquemment le terme « faculté », notamment l'expression « faculté sensitive » dans le texte du stoïcien Hiéroclès, *El. Moral.* IV, 24 ; IV, 42 ; V, 48 ; VI, 11 (« faculté hégémonique ») ; VI, 18-19 (« la sensation… est une faculté »). À mon sens, ces occurrences ne peuvent laisser de doute sur l'authenticité du terme, au moins en ce qui concerne la « faculté sensitive » et la « faculté directrice » de l'âme. Étant donné que Hiéroclès met sur le même plan la sensation et l'impulsion comme étant ce qui distingue l'animal, il devrait considérer l'impulsion aussi comme une « faculté » propre à l'âme.

3. C'est le terme bien attesté chez Chrysippe pour la représentation (Sextus, *AM* VII 231), l'impulsion et l'assentiment (Sextus, *AM* VII 237).

siège dans le cœur et se diffusent à travers tout le corps »[1]. Certes, chaque partie est constituée d'une qualité différente de souffle psychique, de telle sorte que le souffle oculaire et le souffle auditif n'ont pas les mêmes propriétés. Mais chaque souffle connaît un va-et-vient incessant qui permet à l'âme d'assurer ses fonctions, ou plutôt celles de l'hégémonique, qui commande ainsi l'ensemble des activités corporelles qui dépendent de lui. Par contraste, les stoïciens décrivent le sommeil comme le relâchement de la tension sensitive de l'âme (D. L. VII 158), ce qui implique l'affaiblissement du va-et-vient du souffle psychique entre l'hégémonique et les sens : lorsque l'hégémonique continue néanmoins à produire des représentations qui ne sont plus suffisamment informées par les sens, alors apparaissent les illusions des rêves, que les stoïciens appellent des « attractions à vide » de l'âme (Sextus, *AM* VII 241-245 = LS 39 G).

Ainsi, la partie hégémonique est à la fois concentrée sur elle-même et origine d'émanations qui parcourent le corps : elle est comme un roi qui envoie des messagers, comme la source d'une rivière, comme le tronc d'un arbre, comme l'araignée au centre de sa toile, comme un poulpe qui déploie ses tentacules[2].

Les autres parties sont ces émanations de l'hégémonique qui parcourent le corps et reviennent vers l'hégémonique : la vue est ainsi « le souffle s'étendant de la partie hégémonique aux yeux, l'ouïe est le souffle s'étendant de l'hégémonique aux oreilles, l'odorat, le souffle s'étendant de l'hégémonique au nez, le goût, le souffle s'étendant de

1. Calcidius, *Commentaire du Timée*, c. 220 (*SVF* II 879, LS 53 G).

2. [Plutarque], *Plac.* IV 21, 903B (*SVF* II 836, LS 53 H). Pour la comparaison avec l'araignée, voir Calcidius, c. 220 (LS 53 G). Cette comparaison est aussi attribuée à Héraclite (fragment B 67).

l'hégémonique à la langue, le toucher, le souffle s'étendant de l'hégémonique à la surface [du corps] pour un toucher qui permette de bien sentir les choses qui passent à notre portée. Quant aux autres parties, on appelle semence le souffle qui s'étend de l'hégémonique aux organes sexuels, et la *phonation*, comme l'appelle Zénon, est le souffle s'étendant de l'hégémonique au pharynx, à la langue et aux organes appropriés »[1].

La localisation de la partie centralisatrice de l'âme a été l'objet d'un débat durant toute l'Antiquité. En choisissant le cœur, les stoïciens se rangent à l'avis des médecins siciliens, du médecin grec Dioclès de Carystos, et d'Aristote, contre les médecins grecs de l'école hippocratique qui placent l'âme dans le cerveau[2]. Nous connaissons bon nombre des arguments employés par Chrysippe pour défendre cette thèse contestée : il partait « de la propension commune et des discours qui sont tenus en conformité avec celle-ci »[3], dans l'idée que si la majorité des hommes semble être portée naturellement aux mêmes conceptions, c'est parce qu'ils ressentent la même chose. C'est là un procédé assez caractéristique de la dialectique de Chrysippe. Aussi en l'occurrence tirait-il argument de citations de poètes ou de façons de s'exprimer, comme « il a avalé l'insulte » ou « ça ne descend pas », censées montrer que l'hégémonique ne pouvait se situer dans la tête mais en dessous. De même, disait-il, quand nous disons *ego*

1. *Ibid.*

2. *Cf.* G. Verbeke, *L'évolution de la doctrine du pneuma du stoïcisme à Saint Augustin*, Paris-Louvain, Desclée De Brouwer, 1945, p. 12-15. La localisation de l'hégémonique dans le cœur sera également reprise par Galien. Pour Aristote, cf. *Parva naturalia : De la vie et la mort*, 3, 494a5 ; *Du sommeil et de la veille*, 456a4-6 ; *Parties des animaux* II 10, 655b-656b.

3. Galien, *PHP* III 1, 21-25, p. 172, 15-16 (*SVF* II 886).

(« moi »), nous abaissons la lèvre et le menton vers notre cœur.

Mais Chrysippe ajoutait aussi des arguments tirés de l'observation de certains phénomènes physiologiques. Selon lui, les palpitations du cœur sous le coup de l'émotion, le serrement de cœur que procure le chagrin prouvent eux aussi que le cœur est le siège de l'hégémonique. Enfin, l'indice le plus probant de la localisation de l'hégémonique dans le cœur lui paraît être le fait que le langage, dans la mesure où il passe par le pharynx, ne peut que venir du cœur. En fait, il pose donc en principe qu'il ne peut y avoir qu'un seul centre de l'âme, et même que la pensée se définit comme source de la parole. Ceci est certainement lié au fait qu'il souligne, chez les animaux rationnels, la liaison étroite entre la représentation et le langage (le second exprimant la première), ainsi qu'entre les impulsions et les jugements : à ses yeux, ces liaisons impliquent continuité et sources identiques. Il écrit :

> Il est probable que l'endroit vers lequel vont les significations et d'où part le langage est la partie directrice de l'âme. La source du langage n'est pas autre chose que la source de la pensée, ni la source de la voix autre que celle du langage, ni la source de la voix autre que la partie directrice de l'âme. On en est d'accord quand on définit la pensée elle-même comme la source du langage. [...] Car en somme, c'est là d'où le langage est proféré qu'il faut que se produisent aussi le raisonnement, les pensées et l'exercice de la parole, ainsi que je l'ai dit. Or il est manifeste que tout cela se produit dans la région du cœur, puisque c'est du cœur et en passant par le pharynx que sont émis la voix et le langage. Il est vraisemblable également que c'est là où la parole d'autrui est perçue comme signe que la signification est produite et que les

> sons se forment de la façon que j'ai décrite. (Galien, *PHP* II 5, 15-20, p. 130, 24-132, 2 = *SVF* II 894).

L'idée qu'il n'existe qu'un seul centre de l'âme n'allait certainement pas de soi : Platon notamment ne la partageait pas et divisait l'âme en trois parties, qui constituent autant de centres en lutte les uns avec les autres. En effet, selon le *Timée* 69a-72b, les dieux qui ont créé l'homme ont placé dans la tête la partie divine (la raison), dans le cœur la partie « irascible », celle du *thumos* (« ardeur »), et dans le foie la partie « désirante » et vulgaire, celle de l'*epithumia* (« désir », « appétit », « concupiscence »). Et le *Phèdre* décrit les luttes que la partie rationnelle doit mener, aidée de la partie irascible, pour que l'âme soit correctement conduite (253c-254e). Sans doute, en un sens, la partie rationnelle située dans la tête est-elle l'équivalent du principe directeur stoïcien; mais Chrysippe se refuse à distinguer ainsi une partie irrationnelle et une partie rationnelle et à envisager la possibilité d'un conflit entre ces différentes parties. Les parties de l'âme sont subordonnées à un seul principe, dont les directives peuvent être ou non rationnelles, mais sans que l'on recoure à l'hypothèse d'instances tiraillant l'âme en sens contraires pour expliquer d'éventuels « écarts de conduite ».

Les choses sont moins claires avec les auteurs du stoïcisme « moyen » et impérial, et on s'est souvent demandé si Panétius, Posidonius et Sénèque n'auraient pas soutenu, contre Chrysippe, une conception de l'âme divisée en deux ou trois parties, qui réhabiliterait la conception platonicienne de l'existence d'une partie irrationnelle de l'âme. La recherche récente aurait plutôt tendance à récuser ce type d'interprétation.

En ce qui concerne Panétius, M. Van Straaten a depuis longtemps récusé ces interprétations de manière assez convaincante [1]. Il a montré en effet, à la suite de G. Verbeke, que rien n'étayait l'opinion répandue selon laquelle la description de l'âme comme un composé d'air et de feu correspondrait à une distinction entre une partie rationnelle (le feu) et une partie irrationnelle (l'air) : rappelons-nous du reste que la définition du souffle comme un composé d'air et de feu est traditionnelle chez les stoïciens [2], et que par conséquent la composition de l'âme indiquée par Panétius correspond à son identification avec un souffle. Quant aux formules de Cicéron dans le traité *Des devoirs* (I 101 ; I 132), qui ont parfois été interprétées dans le sens d'une division entre une partie rationnelle et une partie irrationnelle de l'âme, elles sont loin de rétablir nettement ce deux parties : ce que Cicéron attribue à Panétius, c'est « une faculté et une nature de l'âme qui est double, et dont une partie est située dans l'impulsion (*hormê*, en grec), qui le pousse ici et là, et l'autre dans la raison, qui enseigne et explique ce qu'il faut faire et ce qu'il faut éviter » (I 101). Dans le second passage, Cicéron précise que l'un de ces « mouvements », comment celui qui consiste à chercher le vrai, l'autre comme celui qui « pousse à agir » (I 132). Bien que Cicéron utilise ici le vocabulaire des « parties » et parle d'une « double faculté », il ne fait pas de distinction entre une partie rationnelle et une partie irrationnelle de l'âme, et l'idée que la raison est ce qui nous « explique » ce qu'il faut faire est conforme au rôle assigné traditionnellement dans le stoïcisme à la vertu, qui est identifiée à la

1. M. Van Straaten, « Notes on Panaetius'theory of the constitution of man », *Images of Man in Ancient and Medieval Thought*, Leuven, Leuven University Press, 1976, p. 93-100.

2. Voir plus haut, p. 27.

« droite raison » [1]. Il y a somme toute plus un changement d'inflexion qu'un changement doctrinal [2]. Une innovation attestée chez Panétius consiste à retirer la partie reproductrice des parties de l'âme pour en faire une capacité qui relève de la nature (du souffle naturel [3]) : on peut supposer qu'il a été sensible au fait que les plantes, qui sont dépourvues de souffle psychique, ont la capacité de se reproduire, et qu'il n'y a par conséquent aucune raison d'attribuer cette capacité à l'âme.

En revanche, si l'on en croit Galien, la position de Posidonius sur les parties de l'âme est beaucoup plus proche de la position platonicienne. En effet, selon lui, Posidonius reprochait à Chrysippe de n'avoir pas pu rendre compte complètement de l'origine des passions « en disant que l'impulsion est quelquefois engendrée comme le résultat d'un jugement de la partie raisonnante de l'âme, mais souvent aussi comme le résultat du mouvement de la partie passionnelle » [4]. Galien dit même que « Posidonius ne considère les passions ni comme des jugements ni comme le résultat de jugements, mais comme des effets de la faculté ardente et de la faculté désirante de l'âme, suivant en tout point la doctrine ancienne » [5]. Posidonius aurait ainsi reconnu une faculté rationnelle et deux facultés passionnelles, et désigné les facultés passionnelles dans des termes qui sont ceux de Platon (« ardeur », *thumos*, et

1. Cicéron, *Tusc.* IV 34 (*SVF* III 198).

2. Voir néanmoins le commentaire nuancé de F. Alesse, Panezio, *Testimonianze*, Naples, Bibliopolis, 1997, p. 256-257, qui estime que Panétius utilise le terme « impulsion » (*hormê*) dans un sens plus proche de la langue courante que de l'usage stoïcien traditionnel.

3. Némésius, *De natura hominis*, 15, p. 72, 9-11 (Panetius F 124).

4. Galien, *PHP* V 5, 21, p. 320, 27-28 (LS 65 M, Posidonius F 169).

5. Galien, *PHP* IV 3, 3, p. 248, 4-6 (LS 65 K, Posidonius F 34).

« désir », *epithumia*). Néanmoins, comme dans l'extrait ci-dessus, Posidonius semble avoir préféré parler d'une partie rationnelle et d'une partie « passionnelle » plutôt que d'employer le terme d'« irrationnel », et, dans un système qui donne une grande place à la physiologie, il est tout à fait remarquable qu'il refuse manifestement de considérer ces facultés comme des *parties distinctes* de l'âme, auxquelles il assignerait des localisations séparées. Ainsi, même s'il réaménage le stoïcisme, Posidonius n'en trahit pas la physiologie. De même, en ce qui concerne l'ardeur et le désir, il semble avoir parlé de « facultés » plutôt que de parties. La modification qu'il effectue en introduisant les deux facultés passionnelles n'est pas négligeable, mais il semble que Galien a fortement exagéré en lui attribuant une orientation platonisante [1].

Quant à la position de Sénèque, qui semble assez proche de celle de Posidonius, elle est assez difficile à cerner. Le début de la *lettre 92* semble comporter une inflexion platonisante assez nette, puisque Sénèque y reconnaît à l'intérieur de la partie directrice de l'âme « quelque chose d'irrationnel, et quelque chose de rationnel ». Faut-il considérer qu'il s'agit là de deux parties de l'âme? Rien n'est moins sûr. Brad Inwood [2] fait remarquer qu'à cet

1. Voir T. Tieleman, *Chrysippus'* On Affections, Leyde, 2003, p. 198-287. Voir aussi J. Fillion-Lahille, *Le* De Ira *de Sénèque et la philosophie stoïcienne des passions*, Paris, Klincksieck,1984, p. 128-152; J. Cooper, « Posidonius on emotions » dans *Reason and Emotions : Essays on Ancient Moral Psychology and Ethical Theory*, Princeton, Princeton University Press, 1999, p. 449-484; C. Gill, *The Structured Self in Hellenistic and Roman Thought*, Oxford, Oxford University Press, 2006, p. 266-290.

2. B. Inwood, « Seneca and psychological dualism », dans J. Brunschwig et M. Nussbaum (éd.), *Passions & Perceptions*, Cambridge-Paris, Cambridge University Press-MSH, 1993, p. 150-183.

endroit de sa lettre, Sénèque fait appel à une croyance commune, sans y adhérer explicitement. Et il montre ensuite que la position de Sénèque est plutôt de distinguer entre des réactions irrationnelles, immédiates et incontrôlées, et des réactions raisonnées, ces deux types de réactions se succédant dans le temps : ainsi le « quelque chose d'irrationnel » serait un premier mouvement, et le « quelque chose de rationnel », l'attitude réfléchie qui s'ensuit. Épictète décrit la même succession de réactions lorsqu'il dit que même le sage sursaute et pâlit lorsqu'il entend un coup de tonnerre ou un son terrifiant puis écarte et repousse ensuite l'idée qu'il y ait là quoi que ce soit de redoutable (Aulu Gelle, XIX 1 = LS 65 Y). Il ne semble donc pas que la description de Sénèque implique un dualisme psychologique tel que celui de Platon : la doctrine stoïcienne classique de l'assentiment, un peu réaménagée, devrait suffire à en rendre compte.

LE RAPPORT DE L'ÂME ET DU CORPS

On serait tenté de croire que dans une théorie qui fait de l'âme une réalité corporelle, le problème de la liaison de l'âme et du corps ne se pose pas, dans la mesure où le fait de considérer l'âme comme corporelle a d'abord pour fonction d'éviter un tel problème en supprimant la difficulté qu'il y a à concevoir une interaction entre deux substances hétérogènes. Mais la question du rapport entre l'âme et le corps a quand même suscité une difficulté.

Sextus Empiricus semble donner une bonne indication sur la nature du problème, lorsqu'il fait remarquer que les stoïciens distinguaient deux sens du mot « âme », un sens large où le terme désigne « ce qui tient ensemble le composé » et un sens étroit où il désigne la partie directrice.

Il précise que, pour eux, « lorsque nous disons que l'homme est composé d'une âme et d'un corps, ou que la mort est la séparation de l'âme et du corps, nous voulons parler de l'hégémonique » (Sextus, *AM* VII, 234 = LS 53 F). « Ce qui tient ensemble le composé », c'est manifestement l'ensemble du souffle psychique, puisque Chrysippe définit l'âme comme un « souffle connaturel et unificateur ». Mais, même s'il est certain que cette ambiguïté a existé dans le stoïcisme, Sextus donne ici une mauvaise clé : c'est le même souffle psychique qui circule de l'hégémonique aux autres parties, et la façon dont l'hégémonique est uni au corps humain et s'en sépare ne peut pas être dissociée de la façon dont le reste de l'âme est uni à ce même corps.

La difficulté est donc en fait celle qu'Aristote avait soulevée à propos de la conception matérialiste de Démocrite : « puisque l'âme est dans tout le corps sensible, il est nécessaire qu'il y ait deux corps dans la même chose, si l'âme est un corps » (*De l'âme* I 5, 409b2-4). À cette première difficulté, Aristote ajoutait l'absence de principe unificateur, l'âme, en tant qu'idée du corps, étant pour lui ce qui assure l'unité actuelle du corps [1].

On a vu comment les stoïciens résolvaient la seconde difficulté : le souffle psychique, comme tout souffle, est, par sa nature même, un principe unificateur. La question n'en demeure pas moins de savoir alors comment l'âme peut être composée avec le corps et unie à lui sans tomber dans la première difficulté. La solution avancée par Chrysippe recourait à une distinction entre plusieurs formes de composition ou mélange. Selon lui, il faut distinguer

1. Sur ces deux points, voir L. Couloubaritsis, « La psychologie chez Chrysippe », dans O. Reverdin et B. Grange (éd.), *Aspects de la philosophie hellénistique*, Vandœuvres-Genève, Fondation Hardt, 1986, p. 105.

la composition par juxtaposition, celle par fusion et celle par mixtion ou mélange [1]. La composition par juxtaposition est celle d'un tas de grain : les composants restent totalement indépendants les uns des autres, ils ne se touchent que par leur surface, et conservent chacun leurs qualités propres [2]. Il n'en va pas de même dans la composition par fusion, où chaque substance est détruite pour constituer de façon irréversible une nouvelle substance : tel est le cas de certains parfums ou de certaines drogues médicinales qui n'ont pas les propriétés des substances qui les composent mais de nouvelles propriétés. La composition par mixtion est encore différente : les deux corps qui entrent dans la composition ne se touchent pas seulement par leurs surfaces mais se compénètrent entièrement et préservent leurs qualités propres et le processus est réversible. C'est ce que les stoïciens appellent le mélange total ou mixtion totale (*krasis di'holôn*). Chrysippe soutient qu'un tel mélange est possible même lorsqu'il y a un déséquilibre entre les quantités initiales : par exemple, selon lui, une goutte de vin peut se mêler à la mer entière, tandis qu'Aristote soutenait que, dans un tel cas, la goutte de vin était dissoute [3]. Il soutient

1. Alexandre d'Aphrodise, *Mixt.*, 3-4, p. 216, 14-218, 11 (*SVF* II 473 = LS 48 C); Stobée, *Eclog.* I, 17, p. 153, 23–155, 14 (*SVF* II 471, en partie dans LS 48 D);

2. Il faut encore distinguer deux cas, celui de la maison et celui d'une armée : les éléments de la maison sont joints ensemble, tandis que les soldats d'une armée sont disjoints les uns des autres (Plutarque, *Préceptes de mariage* 34, 142 E-F = *SVF* II 366; cf. *SVF* II 368, 1013). Les éléments disjoints ne sont pas affectés les uns les autres par ce qui advient à certains d'entre eux : ainsi, si tous les soldats d'une armée sauf un ont péri, le survivant n'en souffre pas dans sa chair (Sextus, *AM* IX 80 = *SVF* II 1013). Dans tous ces cas, les éléments qui composent le tout gardent également leur propre essence, mais ni la maison ni l'armée ne sont des mélanges.

3. Aristote, *De la génération et la corruption*, I, 10; Plutarque, *Not. Comm.* 37, 1078 E (*SVF* II 480, LS 48 B).

aussi que les composants d'un mélange peuvent être séparés : par exemple, selon lui, de l'eau mélangée à du vin peut en être séparée si l'on y plonge une éponge huilée, parce que l'eau remonte dans l'éponge.

Pour Chrysippe, c'est de ce type que mélange que relève l'union de l'âme et du corps, qui sont « complètement mélangés » l'un à l'autre durant de la vie : « l'âme, qui a son existence propre comme le corps qui la reçoit, pénètre intégralement à travers l'ensemble du corps en conservant sa substance propre dans le mélange qui la lie à lui »[1]. Le mélange permet aux deux réalités corporelles que sont l'âme et le corps d'occuper un même lieu (ce qui répond à l'objection Aristote sur l'impossibilité que l'âme soit dans le corps, si l'âme est un corps) puis de se séparer à la mort. Toutefois, le cas de l'âme est un peu différent de celui de liquides comme l'eau, le vin ou le vinaigre, car c'est un corps sec. Selon le témoignage de Stobée, les stoïciens auraient en effet distingué le « mélange » (*mixis*) des corps secs comme le fer de la « mixtion » (*krasis*) qui concerne les liquides et ils auraient rangé le cas de l'âme et du corps dans celui des corps secs[2]. Aucune autre différence entre les deux types de mélange n'est explicitement attestée, mais on peut noter que lorsque deux corps secs se mélangent, Stobée dit que ce sont des « qualités connaturelles » qui sont conservées. Or, le terme « connaturel » (*sumphuês*) rappelle celui utilisé pour définir l'âme comme « souffle connaturel » (*sumphuton*) et se

1. Alexandre d'Aphrodise, *Mixt.*, 4, p. 217, 33-36 (*SVF* II 473, LS 48 C).

2. Le passage où cette distinction entre *mixis* et *krasis* est expliquée n'est pas reproduit dans le bref extrait du texte de Stobée en LS 48 D (voir LS vol. II, p. 289, n. 3). Alexandre d'Aphrodise (LS 48 C) ne fait pas cette distinction et applique la *krasis* au mélange de l'âme et du corps.

substitue parfois à lui dans nos sources [1]. Le verbe *sumphuein* signifie littéralement « croître *ensemble* » : il n'est donc pas indifférent que Chrysippe dans sa définition de l'âme ait substitué cette notion à celle de « souffle inné » (*emphuton*) que l'on trouvait chez Aristote. Aristote connaissait d'ailleurs bien le processus de croissance simultanée et réciproque qu'il appelle *sumphusis* (« symphyse ») dans la *Métaphysique* (IV 4, 1014b22), mais il ne l'applique qu'à la croissance commune de la mère et de l'embryon, ou à la nourriture, et non à ce qui devient chez Chrysippe la symphise de l'âme et du corps. En parlant de la subsistance de qualités « connaturelles » dans des mélanges comme celui du feu et du fer, les stoïciens veulent-ils dire que, lorsque le feu et le fer se mélangent, ils connaissent un processus de croissance commune, inconnu de la mixtion des liquides ? [2] Rien ne le dit clairement, et « connaturel » dans le cas des qualités du feu et du fer peut avoir un sens plus neutre, désignant des qualités qui leur sont inhérentes par nature, mais il n'en reste pas moins que les composantes d'un tel mélange sont des corps actifs et dynamiques, et non des corps à dominante passive comme les liquides [3], et peut-être le terme y fait-il allusion. En tout cas, en faisant de l'union de l'âme et du corps un processus de mélange identique à celui du métal soumis au feu, Chrysippe donne une image saisissante de la façon dont l'âme anime le corps : elle rend mobile une

1. *Sumphuton* : Galien, *PHP* III 1, 10, p. 170, 9 (*SVF* II 885) ; *sumphues : Scholies à l'*Iliade, XVI 856 (*SVF* II 778).

2. Telle était l'hypothèse formulée dans la première édition du présent ouvrage.

3. Le feu et l'air sont des éléments actifs, tandis que l'eau et la terre des éléments passifs : voir Némésius, *La nature de l'homme*, p. 164, 15-18 (*SVF* II 418, LS 47 D).

matière inerte. On comprend donc d'autant mieux pourquoi le souffle psychique doit être considéré comme un composé d'air et de feu : ces éléments actifs sont nécessaires pour que leur mélange avec le corps provoque son animation.

Dans la mesure où la croissance proprement dite est pour les stoïciens un phénomène naturel et non psychologique, l'union du souffle physique ou naturel avec le corps de la plante est une mixtion qui peut connaître la croissance et le souffle physique des plantes est d'ailleurs lui aussi considéré comme « connaturel » (*sumphuton*) [1], mais tel n'est pas le cas des minéraux ni des os, pénétrés seulement par un souffle « dispositif » [2].

LA NAISSANCE ET LA MORT

Une telle conception de la mixtion de l'âme et du corps pourrait entraîner la croyance dans l'immortalité de l'âme : si l'âme se mélange et se sépare du corps, on pourrait penser qu'elle vient du dehors et qu'elle dure plus que la vie. Mais les stoïciens ne le pensent pas et soutiennent que « l'âme est engendrée et corruptible » (Eusèbe, *Prép. Évang.* XV 20, 6 = LS 53 W).

D'après Chrysippe, l'embryon dans le ventre de la mère « se nourrit par nature comme une plante » : c'est à la naissance que le souffle physique, refroidi et « trempé »

1. Galien, *In Hippocratis epidemiarum*, p. 250-251 K. (*SVF* II 715). Voir A. Long, « Soul and body in Stoicism », *Phronesis*, 27 (1982), p. 38.

2. Les stoïciens refusent la croissance aux minéraux, à propos desquels ils ne parlent que d'expansion et de compression (Sextus, *AM* IX 82). Sans doute les os de l'enfant sont-ils soumis à la croissance, ce qui doit impliquer que les os peuvent ainsi être soumis à certains processus naturels, mais nos sources sont muettes sur ce point et les stoïciens pensent d'abord à la solidité des os : ils pensent à quelque chose d'analogue à l'action du calcium dans les os et certains minéraux.

au contact de l'air, « se transforme et devient psychique »[1]. Sorti de la « fournaise » de l'utérus, le souffle du nouveau-né est frappé et durci par la rigueur de l'air comme du fer en fusion que l'on trempe dans l'eau et la force animale lui fait pousser son premier cri parce que le souffle, frappé par l'air, résonne[2]. Ceci fait apparaître plus clairement la raison pour laquelle, selon les stoïciens, le souffle psychique est lié à la respiration : comme le souffle physique des plantes, l'âme est une forme de souffle connaturel, mais c'est le contact avec l'air qui s'établit dans le premier souffle du nouveau-né qui transforme une partie de ce souffle en souffle psychique et l'embryon en animal. Plutarque se plaît pourtant à signaler qu'il y a là une difficulté, puisque le souffle psychique est censé être plus subtil et plus rare que le souffle physique : comment, dans ces conditions, expliquer la transformation du souffle physique en souffle psychique par un processus de condensation et de refroidissement ? L'explication la plus vraisemblable est que Plutarque altère sensiblement la description de Chrysippe : à le lire, il semble en effet que Chrysippe pense que le souffle physique serait comme une vapeur qui se condenserait en eau au contact de l'air froid et deviendrait souffle psychique. Mais l'image stoïcienne est celle du fer rouge qui, trempé dans l'eau froide, se durcit en dégageant une vapeur. La « trempe » de l'âme est donc avant tout le passage d'un état ductile (le métal

1. Plutarque, *Contr. Stoic.* 41, 1052 F (*SVF* II 806) ; cf. *Du principe du froid*, 946 C (*SVF* II 806).

2. Tertullien, *De l'âme*, 25, 2 (*SVF* II 805). Selon Diogène de Babylonie, l'air froid serait en effet poussé dans le poumon par la chaleur interne par un phénomène d'appel d'air : voir [Plutarque], *Plac.* V 15, 907 D ; *cf.* T. Tieleman, « Diogenes of Babylon and Stoic embriology », *Mnemosyne*, 44 (1991), p. 106-125.

en fusion) à un état solide : il n'est pas évident que les stoïciens aient pensé cette « trempe » comme une condensation au sens d'une densification du souffle. Il faut surtout ajouter un élément absent de la description de Plutarque, et qui en revanche apparaît clairement chez Hiéroclès, à savoir que le processus de raréfaction précède la naissance : selon lui, c'est dans le ventre de la mère que le souffle naturel, d'abord épais, s'affine sous l'effet d'une ventilation continue à l'intérieur du corps, ce qui lui donne la consistance de l'âme[1]. La position stoïcienne semble donc plus cohérente que ne l'avance Plutarque : c'est avant la naissance que le souffle de l'embryon s'affine, et la trempe qu'il subit à la naissance n'est sans doute pas une condensation mais un changement brusque de la tension, que Hiéroclès compare à une étincelle.

On notera du reste que, si une partie du souffle physique « devient » animal, une autre partie du souffle physique doit continue à exister en tant que tel, puisque, selon les stoïciens, il est présent dans les ongles et les cheveux (soumis à la croissance mais insensibles), de même que le souffle dispositif est présent dans les os : les processus comme le maintien des os et la croissance des cheveux et des ongles sont indépendants du contrôle psychique et supposent une persistance du souffle dispositif et de la nature dans le vivant. Ainsi les fonctions proprement psychiques (représentations et impulsions) ne font que s'ajouter aux fonctions physiques sans s'y substituer[2].

On a vu pourtant que les stoïciens considéraient l'âme comme une exhalaison, dégagée du sang ou plus

1. « Elle devient quantitativement une âme », selon Hiéroclès, *Él. Moral.*, 1a, 17-19. Cette phrase-clé est coupée dans LS 53 B.

2. Sur ce dernier point, *cf.* A. Long, « Soul and body in Stoicism » (art. cit.), p. 44 et 50-51.

généralement des liquides corporels. Comment l'âme peut-elle à la fois résulter de la transformation d'une partie du souffle naturel et être une exhalaison du sang ? En fait, c'est après sa formation par refroidissement et trempe que l'âme *se conserve* en se nourrissant grâce à l'exhalaison qui se dégage du sang chaud sous l'action de l'air froid absorbé par le corps dans la respiration sous l'effet de l'air apporté par la respiration [1].

La génération de l'âme permet aux stoïciens de rejeter l'idée que l'âme puisse être un don divin extraordinaire : l'âme n'est pas introduite du dehors mais engendrée à partir de la portion de souffle reproducteur (autrement dit la portion d'âme) qui est à l'origine de l'embryon. Il est vrai qu'il peut paraître étrange que Chrysippe « utilise principalement comme démonstration de ce que l'âme est engendrée après le corps le fait que le comportement et le caractère des enfants ressemble à celui des parents » [2]. À première vue, on serait plutôt tenté d'en conclure, comme Plutarque, que l'âme était déjà formée avant. Ce n'est manifestement pas ainsi que l'entend Chrysippe : son argument vise des doctrines de la réincarnation comme le mythe d'Er de la *République* de Platon (livre X). Il cherche à montrer que l'âme n'est pas une substance préexistante, réincarnée après une ou plusieurs existences antérieures, mais que quelque chose de la spécificité de l'âme de chacun

1. Galien, *Commentaire des* Epidémies, V 5, p. 246 K. (*SVF* II 782); Marc Aurèle, VI 15. Pour un exposé plus détaillé de toutes ces questions, voir J.-B. Gourinat, « L'embryon végétatif et la formation de l'âme selon les stoïciens », dans L. Brisson, M.-H. Congourdeau, J.-L. Solère (éd.), *L'embryon dans l'Antiquité et au Moyen Âge*, Paris, Vrin, 2008, p. 59-77, ainsi que « La gestation de l'animal et la perception de soi (Hiéroclès, *Éléments d'éthique*, col. I-III) », dans J.-B. Gourinat (éd.), *L'éthique du stoïcien Hiéroclès, Philosophie antique*, Hors-Série, 2016, p. 15-46.

2. Plutarque, *Contr. Stoic.* 41, 1053 D (LS 53 C).

des parents est transmis au fœtus, et que lorsque l'âme apparaît, ce caractère spécifique est appelé lui aussi à réapparaître. Plutarque détourne donc en fait la portée de l'argument, se comportant en polémiste.

Du reste, on comprend peut-être mieux ainsi comment a pu se poser la question de savoir si la partie reproductrice appartenait à l'âme ou à la nature : dans la mesure où une part du souffle psychique s'y trouve transmise, elle doit appartenir à l'âme; dans la mesure où l'embryon qui en est issu n'a d'abord qu'une existence végétative, elle appartient à la nature.

Inversement, que se passe-t-il à la mort, lorsque le composé se défait? Nous avons vu que les stoïciens sont opposés à l'idée d'une réincarnation. Dans l'Antiquité, ils étaient considérés comme s'opposant à la fois à Platon, parce qu'ils ne croient pas à l'immortalité de l'âme et à Épicure, parce qu'ils ne croient pas non plus que l'âme disparaît entièrement à la mort [1]. Selon eux, seules les âmes des bêtes périssent avec leurs corps : pour les âmes rationnelles, la fin de la fusion avec le corps n'implique pas la disparition simultanée des composants. L'âme se sépare du corps et survit un certain temps [2]. Selon Chrysippe, l'âme prend alors une forme sphérique [3] et, selon certains stoïciens, les âmes qui persistent le mieux errent dans les étoiles [4] ou autour de la lune [5]. Seule l'âme du sage survit longtemps, avant de disparaître dans l'embrasement

1. Tertullien, *De anima*, c. 54 (*SVF* II 814) ; *Commenta Luciani* IX, 1 (*SVF* II 817).

2. Eusèbe, *Prép. Évang.* XV 20, 6 (*SVF* II 809, LS 53 W).

3. *Scholies à l'Iliade d'Homère* XXIII 65 (*SVF* II 815).

4. *Commenta Luciani* IX 1 (*SVF* II 817).

5. Tertullien, *de anima*, c. 54 (*SVF* II 814).

périodique du monde[1]. C'est en effet une doctrine stoïcienne que le feu divin qui anime le monde l'embrase périodiquement : le monde renaît alors et tout recommence dans un mouvement d'éternel retour. Surprenante survie, sans damnation ni béatitude, sans réincarnation non plus : ce dogme n'a rien de religieux ni d'eschatologique, et n'est qu'un élément de la physique. Et si l'âme du sage survit, c'est parce qu'elle est plus solide et plus ferme[2] : dans la forme sphérique que prend l'âme après la mort, il est difficile de ne pas reconnaître la « sphère à l'orbe pur » d'Empédocle, celle que Marc Aurèle (VIII, 41 ; XII, 3) assigne pour fin à l'ascèse philosophique de l'âme qui se fait « citadelle intérieure ».

1. D. L. VII 157 ; *cf.* Eusèbe, *Prép. Évang.*, XV 20, 6 (*SVF* II 809, LS 53 W) ; [Plutarque], *Plac.* IV 7, 899 C (*SVF* II 810).

2. [Plutarque], *Plac.* IV 7, 899 C (*SVF* II 810).

LA REPRÉSENTATION

QU'EST-CE QU'UNE REPRÉSENTATION ?

La représentation est l'une des quatre facultés de l'âme ou plutôt l'une de ses trois « altérations » traditionnellement distinguées par les stoïciens [1]. Mais elle se distingue des deux autres « altérations », l'impulsion et l'assentiment, en ce qu'elle est subie, tandis que l'impulsion et l'assentiment sont des activités [2]. En disant que ce sont des phénomènes qui se produisent dans l'âme, les stoïciens veulent en fait dire qu'ils se produisent dans la partie hégémonique de l'âme : c'est vrai de la représentation [3] comme des autres altérations de l'âme [4]. Les stoïciens disent qu'« une représentation est un affect qui se produit dans l'âme, et qui en lui-même montre aussi ce qui l'a produit » [5].

Le terme grec est *phantasia* : les stoïciens se plaisaient à dire qu'il venait du mot qui signifie « lumière », *phôs*. « Ainsi, de même que la lumière se montre elle-même et montre ce qui se trouve en elle, de même la représentation, qui commande le savoir dans l'animal, doit, comme la

1. Voir ci-dessus, p. 30, n. 2 et 3.

2. Sextus, *AM* VII 237 : *energeiai*. Épictète les décrira comme des « actes » (*erga*) (*Manuel*, 1, 1).

3. Sextus, *AM* VII 232 ; VII 237.

4. Alexandre d'Aphrodise, *De anima libri mantissa*, p. 68, 11-12 Bruns (*SVF* II 59).

5. [Plutarque], *Plac.* IV 12, 900 D (*SVF* II 54, LS 39 B).

lumière, se révéler elle-même et manifester l'objet évident qui l'a produite »[1]. La représentation est donc une espèce d'éclairage dans lequel nous apparaissent les choses. Il importe de prendre garde d'emblée que le terme français contemporain de « représentation », que nous adoptons ici de façon purement conventionnelle et faute de mieux, est assez inapte à rendre compte précisément de ce qu'est une *phantasia* pour un stoïcien[2]. En effet, comme Heidegger le faisait remarquer[3], le mot français « re-présentation » implique (plus clairement que l'allemand *Vorstellung*) un redoublement de la présentation de la chose : la chose n'est donnée dans la représentation que par procuration. En revanche, la conception stoïcienne de la représentation en fait le « regard »[4] que nous portons sur la chose, la lumière dans laquelle elle nous apparaît, autrement dit son mode même d'apparition à l'âme.

Depuis Descartes, nous voyons souvent la représentation comme une image. C'est en effet une métaphore cartésienne : « Entre mes pensées, quelques-unes sont comme les images des choses » (*Méditations*, III, AT IX 29). Et c'est en suivant cette inspiration que Bréhier prétend que la représentation stoïcienne est une « image du réel produite dans l'âme par l'action de l'objet extérieur »[5]. Mais il

1. Sextus, *AM* VII 163 (LS 70 A) ; *cf.* [Plutarque], *Plac.* IV 12, 900 E (*SVF* II 54, LS 39 B).

2. LS traduisent par « impression », ce qui conduit à traduire par « empreinte » le terme *tupôsis* dans la définition de la représentation, alors que les stoïciens distinguent entre la *phantasia*, qui est une impression (*tupôsis*), et l'empreinte (*tupos*) qui en résulte.

3. Le témoignage de Jean Beaufret sur ce point m'a été transmis par Michel Gourinat.

4. C'est la traduction qu'a parfois adoptée Cicéron (*visus* en latin).

5. É. Bréhier, *Chrysippe et l'ancien stoïcisme*, Paris, P.U.F., 1951, p. 82.

s'agit là d'un vocabulaire et d'une conception étrangers aux stoïciens. Le terme d'image est une contamination de la pensée cartésienne, d'autant plus impropre que l'assimilation de la représentation à une image est, chez Descartes, purement métaphorique : « *comme* les images des choses ». Pour les stoïciens, c'est la métaphore du tact qui est pertinente, et non celle de l'image. Zénon montrait « sa main ouverte, les doigts tendus : "Voici la représentation" »[1]. Et s'il n'est pas métaphorique, le vocabulaire de l'« image » est d'autant plus inadéquat qu'il limite la représentation à une seule de ses formes, la représentation visuelle. Or, que serait la forme de l'odeur ?[2]

Mais comment les stoïciens concevaient-ils le processus physiologique à l'œuvre dans la représentation ? Selon Zénon, la représentation est une impression dans l'âme (Sextus, *AM* VII 236). La polémique qui s'ensuivit laisse supposer qu'il n'avait guère expliqué ce qu'il entendait par là. De toute évidence, le terme « vient des empreintes que l'on fait dans la cire avec une bague » (D. L. VII 45). La comparaison a déjà été employée par Platon dans le *Théétète* (191c-195d[3]). Il est vraisemblable qu'elle était devenue un thème de discussion dans l'école de Platon, l'Académie[4], et sans doute est-ce à ces discussions que Zénon l'a empruntée. Dès lors, le terme a dû être employé

1. Cicéron, *Ac.* II 145 (*SVF* I 66, LS 41 A).

2. *Cf.* Alexandre d'Aphrodise, *De anima*, p. 72, 10-11 (*SVF* II 58).

3. Théophraste, *De sensu* 50-55 (Démocrite fr. A 135 D) critique longuement une thèse démocritéenne selon laquelle la vision se produirait par une empreinte (*tupos*) que Démocrite aurait comparée à « l'impression d'un sceau dans la cire » (§ 51), mais l'empreinte en question ne se produit pas directement dans l'âme selon Démocrite, mais d'abord dans « l'air situé entre l'organe de la vision et la chose vue » (§ 50).

4. C'est ce dont pourrait témoigner l'usage de la métaphore par Aristote à propos de la mémoire dans le *De memoria* (450 a 31-32).

comme un simple héritage du langage philosophique antérieur et « par métaphore »[1].

Cléanthe, lui, pensa qu'il fallait prendre le terme au pied de la lettre et que la représentation était une « forme en creux et en pleins, comme l'impression du sceau dans la cire » (Sextus, *AM* VII 228). Chrysippe jugea cela absurde : ni la couleur ni l'odeur ne peuvent s'imprimer en creux et en pleins comme le sceau dans la cire[2]. Une de ses objections est qu'il serait impossible que la partie hégémonique se représente plusieurs choses à la fois ou conserve une représentation en mémoire. Il dit en effet que si l'on adopte la conception de Cléanthe, « quand la pensée se représente un triangle et un rectangle, il faudrait que le même corps ait sur lui, dans le même temps, des formes différentes ». Et il ajoute qu'il n'est pas possible dans ces conditions que « l'âme reçoive beaucoup de formes en même temps »[3] et que la conséquence devrait en être que « le dernier mouvement obscurcisse toujours la représentation précédente, de même que l'impression d'un second sceau oblitère toujours le premier » (Sextus, *AM* VII 229). Ce point précis implique que Cléanthe avait dû employer l'image du sceau imprimé dans un cachet de cire, qui est différente de l'image platonicienne du bloc

1. Alexandre d'Aphrodise, *De anima*, p. 72, 12-13 (*SVF* II 58).

2. Alexandre d'Aphrodise, *De anima*, p. 72, 10-11 (*SVF* II 58).

3. Théophraste, *De sensu* 52, fait déjà une objection semblable à la théorie des empreintes dans l'air de Démocrite : « quand on voit plusieurs choses au même endroit, comment pourrait-il y avoir plusieurs empreintes dans le même air ? ». Tout se passe comme si Chrysippe s'était inspiré des critiques théophrastéennes de Démocrite pour modifier la théorie de Cléanthe. On sait que Cléanthe avait écrit un traité *Contre Démocrite* (D. L. VII 174), probablement identique au traité *Contre les atomes* (D. L. VII 134). Il connaissait donc manifestement la théorie démocritéenne de la vision, qui est liée à sa théorie atomique, mais dont il pouvait reprendre la théorie de l'impression sans en partager tous les aspects.

de cire. Sur un même bloc de cire, il y a en effet suffisamment de place pour que l'on puisse imprimer plusieurs empreintes, simultanément ou successivement, tandis qu'un cachet de cire ne peut prendre qu'une image à la fois. Ce n'est pas l'image de l'impression dans la cire qui est absurde de ce point de vue, c'est celle de l'impression sur la surface réduite d'un cachet de cire.

Pourtant, l'autre objection de Chrysippe dépasse ce problème précis. Elle vise l'impossibilité d'une empreinte dans un corps tel que le souffle psychique. Car il lui paraît absurde de supposer que quelque chose d'aussi subtil que le souffle psychique puisse recevoir une impression comme de la cire, du moment qu'un corps plus dense que le souffle, comme l'eau, ne peut pas prendre la forme d'un sceau [1].

Pour lui, la représentation n'est donc pas une empreinte en creux et en pleins, mais une « modification » ou une « altération » de l'âme comparable à la façon dont l'air, « lorsque différentes personnes parlent en même temps, est frappé au même moment de coups différents et innombrables, c'est-à-dire de modifications » (Sextus, *AM* VII 231). Le son, pour les stoïciens, est de l'air frappé et modifié dans sa tension : la représentation serait le même type de modification du souffle psychique. Ainsi, de même que l'on peut entendre plusieurs sons en même temps, on peut aussi former plusieurs représentations en même temps. Or, les stoïciens conçoivent la modification de l'air comme une onde. Le son est pour eux un ébranlement de forme sphérique, comparable en trois dimensions à la façon dont

1. Sextus, *AM* VII 374. La critique de Chrysippe contre Cléanthe est retournée par Plutarque, *Not. Comm.* 47, 1085 B contre Chrysippe et les stoïciens : « Il serait plus aisé de concevoir un écoulement d'eau courante qui conserve des figures, des empreintes ou des formes, plutôt que de l'admettre pour un souffle pris dans un courant de vapeurs et d'humeurs » (trad. Babut).

« l'eau qui est dans un bassin se soulève en vagues circulaires quand on y jette une pierre » (D. L. VII 158). L'objection faite à Cléanthe sur l'incapacité de l'eau à retenir des impressions n'est donc pas innocente si la représentation est comparable à une vague sur l'eau. Ceci rend d'ailleurs parfaitement compréhensible la possibilité de transmission de la sensation depuis les organes des sens jusqu'à l'hégémonique : il doit se former comme une vague du souffle psychique qui en remonte le courant de la périphérie du corps au centre de l'âme.

Dans ces conditions pourtant, comment expliquer les souvenirs, ces « impressions stables et permanentes » [1] ? Sextus et Plutarque ne se privent pas du plaisir de retourner contre Chrysippe l'objection qu'il avait faite à Cléanthe. Selon Chrysippe, si l'âme est un souffle, la représentation ne peut s'y imprimer comme le croit Cléanthe, et il faut distinguer l'inscription dans la mémoire de l'onde représentative. Mais en admettant que la mémoire agisse comme le poing qui se referme (c'est ce que Zénon appelle un « assentiment » [2]), comment peut-elle retenir une onde ? Il faut sans doute comprendre ici que la comparaison avec une vague décrit le mode de l'altération du souffle et de sa transmission jusqu'à l'hégémonique, mais n'épuise pas le sens de l'altération : ce que la vague *porte*, c'est une altération qualitative, et c'est cela qui est retenu dans la mémoire, non l'onde elle-même. Mais la représentation est ce mouvement de l'âme, et non ce qu'il contient.

1. Plutarque, *Not. Comm.* 47, 1085B (*SVF* II 847).
2. Voir le chapitre suivant.

REPRÉSENTATION ET HALLUCINATION

Les stoïciens distinguent la représentation de l'« hallucination » (*phantastikon*). Voici comment Chrysippe explique la différence :

> Une hallucination est une attraction à vide, un affect qui arrive dans l'âme sans être produit par un objet de représentation, comme lorsque quelqu'un se bat contre une ombre ou qu'il bat des mains dans le vide. Car pour une représentation, il y a un objet; pour une hallucination il n'y en a pas. Un phantasme est ce vers quoi nous sommes attirés dans l'attraction à vide de l'hallucination : cela arrive aux mélancoliques et aux fous. Ainsi, lorsque Oreste dit dans la tragédie : « Ô mère, je t'en supplie, ne m'envoie pas les filles au regard sanguinaire avec leurs airs de dragons. Les voilà ! Les voilà qui s'élancent vers moi ! », il dit cela sous l'empire de la folie. Il ne voit rien, il lui semble seulement qu'il voit. ([Plutarque], *Plac.* IV 12, 900 E-F = *SVF* II 54, en partie dans LS 39 B).

Le texte fait allusion à un épisode célèbre, celui de la folie d'Oreste, et les vers cités proviennent d'*Oreste*, la tragédie d'Euripide, l'auteur favori de Chrysippe. Or, dans la pièce d'Euripide, la folie d'Oreste connaît deux étapes différentes : d'abord Oreste reconnaît sa sœur Électre et s'imagine voir à côté d'elle des Érynies[1] ; puis, lorsque Électre lui saisit le bras pour calmer sa panique, il la voit sous l'apparence d'une Érynie.

1. Les Érynies ou Furies sont des demi-dieux monstrueux, à moitié femmes et à moitié dragons. Oreste a tué sa mère Clytemnestre avec l'aide de sa sœur pour venger leur père Agamemnon, lui-même assassiné avec la complicité de Clytemnestre : il s'imagine que les Érynies viennent venger Clytemnestre, puisque ce sont des divinités de la vengeance.

Pour Chrysippe, dans le premier instant, Oreste est victime d'une hallucination, puisqu'il voit des Érynies là où il n'y a personne ; dans le second temps, il prend sa sœur pour une Érynie et il s'agit alors d'une représentation à la fois vraie et fausse. « Vraies et fausses sont les représentations qu'Oreste a eues d'Électre sous l'emprise du délire : dans la mesure où c'était la représentation d'un être existant, elle était vraie, puisque Électre était présente ; mais dans la mesure où il la prenait pour une Érynie, elle était fausse, car ce n'était pas une Érynie » [1].

Cette représentation vraie et fausse doit à son tour être différenciée de la représentation fausse. Les exemples de représentations fausses que Sextus attribue aux stoïciens sont généralement des exemples d'illusion d'optique : le portique qui paraît aller en diminuant lorsqu'il est vu en perspective, ou la rame plongée dans l'eau qui paraît tordue ou brisée. Nos sources n'expliquent pas pourquoi ces représentations sont fausses alors que celle qu'Oreste a d'Électre dans son délire est « à la fois vraie et fausse ». On peut au moins remarquer que les conditions de représentation sont assez différentes. La rame dans l'eau et le portique ne peuvent être visuellement perçus autrement, étant données les conditions de représentation liées à l'eau et à la perspective [2], tandis que la représentation qu'Oreste a d'Électre pourrait être différente et ne dépend pas du milieu dans lequel elle s'effectue. C'est manifestement

1. Sextus, *AM* VII 244-245 (*SVF* II 65, LS 39 G).

2. Calcidius, *Commentaire du Timée*, c. 237 (*SVF* II 863) : « le portique, vu de côté, disparaît à la vue à l'extrémité à cause de l'obliquité des yeux » (cette traduction me paraît plus exacte que la traduction par « altération due aux yeux »). Comme l'indique B. Bakhouche dans son commentaire à ce passage de Calcidius, t. II, p. 815 (suivant J.-P. Dumont), il s'agit de l'inclination de l'axe du cône visuel.

l'hégémonique qui est responsable de la part de fausseté de la représentation « vraie et fausse », tandis que la représentation fausse se donne à voir telle quelle. Aussi la représentation « vraie et fausse » est-elle une représentation à moitié vraie que l'hégémonique rend à moitié fausse, tandis que la représentation fausse est une représentation à laquelle l'hégémonique a seulement la possibilité de refuser son assentiment.

Quant à ce qui distingue l'hallucination de la représentation, c'est qu'elle consiste à se représenter un être là où il n'y a rien ni personne : lutter contre un fantôme, ou battre des mains dans le vide [1], voir un monstre effrayant là où il n'y a personne. En effet, les représentations sensorielles proviennent des affects des organes des sens. Lorsque l'affect, par la suite d'un dérèglement, se produit sans objet, et qu'il y a dans la partie hégémonique ce que les stoïciens appellent une « attraction à vide », nous avons une hallucination. Les rêves sont également des hallucinations [2] : même si Dion est vivant, quand je le vois en rêve, il n'est pas présent. Enfin, les idées platoniciennes sont du même ordre que l'hallucination sensible : Zénon disait qu'« un concept est un phantasme de la pensée », et par le terme de « concept », il visait avant tout les idées platoniciennes [3]. Pour Zénon, Platon est une espèce d'halluciné.

1. Ce qui indique qu'une hallucination n'est pas nécessairement visuelle : celui qui se bat contre le vide doit bien aussi croire toucher un adversaire qui n'existe pas

2. D. L. VII 50 (LS 39 A).

3. Stobée, *Eclog.* I 12, 3, t. I, p. 136, 21-137, 6 (*SVF* I 65, LS 30 A) ; [Plutarque], *Plac.* I 10, 882 E (*SVF* II 360, LS 30B). Une critique semblable apparaît déjà chez Antisthène, selon Ammonius, *In Porphyr.*, p. 40, 6-10. Pour une comparaison entre la position d'Antisthène et celle des stoïciens, voir A. Brancacci, « Antisthène et le stoïcisme : la logique », dans

REPRÉSENTATION SENSORIELLE ET SENSATION

Comme on l'a vu, le souffle psychique se diffuse de l'hégémonique aux sens. C'est donc lui, qui, lorsqu'il va revenir à l'hégémonique, va être à l'origine de la représentation sensorielle. Les sens vont en effet rapporter à l'hégémonique ce qu'ils auront ressenti et celui-ci « juge comme un roi de ce qu'ils lui rapportent »[1]. Mais ainsi, bien que la représentation se définisse comme un affect passif produit en nous par la chose extérieure, en même temps, « c'est l'hégémonique qui produit les représentations (...), les sensations »[2]. Certes la représentation est due à « une sorte d'impulsion venant de l'extérieur »[3]. Mais, d'un autre côté, « la pensée a une force naturelle qu'elle tend vers les choses qui la frappent »[4]. Autrement dit, pour reprendre l'image ondulatoire, la chose extérieure frappe l'âme comme la pierre frappe l'eau, mais c'est bien l'hégémonique lui-même qui produit ses représentations comme l'eau produit ses vagues.

Mieux encore : la représentation sensorielle ne va pas sans une certaine activité de l'hégémonique. Par exemple, « la cause de la vue est dans la tension du souffle inné »[5], si bien que l'on peut dire que « la vue est produite depuis l'hégémonique »[6]. De l'hégémonique provient en effet le souffle optique qui, depuis la pupille, « pique » l'air qui

J.-B. Gourinat (éd.), G. Romeyer Dherbey (dir.), *Les stoïciens*, Paris, Vrin, 2005, p. 56-67. On sait aussi que l'un des maîtres de Zénon, le mégarique Stilpon, critiquait les idées platoniciennes (D. L. II 119).

1. Calcidius, *Commentaire du* Timée, c. 220 (*SVF* II 879, LS 53 G)
2. [Plutarque], *Plac.* IV 21, 903 A (*SVF* II 836, LS 53 H).
3. Cicéron, *Ac.* I 40 (LS 40 B).
4. *Ibid.*, II 30 (LS 40 N).
5. Calcidius, *Commentaire du* Timée, c. 237 (*SVF* II 863).
6. Alexandre d'Aphrodise, *De anima*, p. 130, 26-27 (*SVF* II 864).

« touche à la pupille ». Le souffle interne qui va de l'hégémonique à la pupille est en contact avec l'air externe qui va de l'œil à l'objet et qui est tendu sous la forme d'un cône dont le sommet touche à la pupille et la base à la chose vue. L'air tendu ainsi en cône depuis l'œil constitue une espèce de rayon lumineux, dont la luminosité provient à la fois de la lumière solaire et du souffle psychique, puisque le souffle est un composé d'air et de feu. On voit à la fois par cette luminosité et par la tension de l'air, puisque la tension de l'air par le souffle visuel est comme un toucher au moyen d'un bâton, c'est-à-dire un toucher par intermédiaire et transmission. La cause de la vision est donc double : elle réside à la fois dans la lumière qui éclaire l'objet, et dans un contact par transmission de la tension de l'air et du souffle. La vision a donc en grande partie son origine dans l'âme de celui qui voit : l'obscurité ne produit aucune lumière et donc ne produit pas de sensation visuelle, mais « l'obscurité est visible » à cause des « rayons enflammés [qui] se diffusent depuis l'œil » [1]. Et c'est la direction imprimée par l'œil au cône visuel qui permet de voir tel ou tel objet : « c'est dans la mesure où sa base sera dirigée ou infléchie et tombera sur l'apparence visible qu'apparaîtra ce qui est vu ». Autrement dit, on ne voit que ce vers quoi les yeux dirigent le cône visuel. D'un autre côté, c'est l'air qui modifie le souffle qui le pique et renvoie ainsi son message à l'âme : bien que le souffle constitue une force active, il n'en est pas moins affecté par son contact indirect avec la chose. Le cône visuel externe, dirigé par l'œil, rencontre une chose colorée qui va altérer la vision, de même que le bâton qui rencontre une pierre en ressent le contrecoup. Et « l'affect du souffle

1. [Plutarque], *Plac.* IV 15, 901 D-E (*SVF* II 866).

est semblable à ce que ressentent ceux qui sont engourdis au contact d'un poisson marin, puisque son poison s'insinue et pénètre dans le sens interne par la ligne, la canne et la main »[1].

Chrysippe écrit : « Comme l'araignée au centre de sa toile retient par ses pattes toutes les extrémités des fils, et sent de près lorsqu'un insecte donne des coups à n'importe quel point de la toile, ainsi la partie hégémonique de l'âme, posée au centre de son siège dans le cœur, retient les extrémités des sens et reconnaît de près ce qu'ils lui annoncent »[2]. Comme les fils de la toile, les sens sont maintenus par l'hégémonique dans une tension constante qui permet la « transmission »[3]. L'attention est due tout entière à l'âme, et si elle se relâche, comme c'est le cas dans le sommeil, la chose extérieure n'est plus susceptible de provoquer une représentation. La tension de l'âme préexiste certes au contact avec la chose, mais la représentation est le résultat de la rencontre de la tension interne du souffle psychique avec la tension de l'air extérieur.

Bien entendu, que l'âme soit impressionnée de telle ou telle manière ne dépend pas pour autant d'elle mais de la chose qui provoque la représentation. « Il ne dépend pas de celui qui est affecté mais de ce qui est représenté que l'on soit disposé de telle ou telle manière, c'est-à-dire de blanchir au contact de la couleur blanche ou de s'adoucir

1. Calcidius, *Commentaire du* Timée, c. 237 (*SVF* II 863 ; cf. *SVF* II 864-871).

2. *Ibid.*, c. 220 (*SVF* II 879, LS 53 G).

3. Plotin, *Ennéades*, IV 7, 7 (*SVF* II 858). Voir aussi Galien, *PHP* II 5, 35, p. 134, 24 (*SVF* II 882) Le terme vient de Platon, *Timée*, 45d. Il peut avoir été emprunté à Platon par les stoïciens, ou utilisé par Plotin et Galien pour traduire en langage platonicien un autre terme utilisé par les stoïciens. Même si le terme n'est pas exact, la description est probablement fidèle.

lorsque le goût entre en contact avec quelque chose de doux » (Sextus, *AM* VIII 397 = *SVF* II 91).

Les stoïciens en trouvent l'explication dans la nature du processus qui est à l'origine de la représentation. Le phénomène de la représentation sensorielle suppose en effet le transfert d'une qualité de l'être perçu à l'être qui perçoit. Les propriétés colorantes ou odorantes du corps perçu altèrent à l'identique le souffle psychique. Ceci est parfaitement cohérent avec la théorie stoïcienne qui considère les qualités des corps comme une certaine tension de l'air ou du souffle : rien d'étonnant dans ces conditions à ce que les souffles qui qualifient les corps puissent altérer le souffle psychique pour produire dans l'âme un changement de qualité qui constitue la représentation.

Chaque sens est ainsi altéré par une certaine qualité de l'objet, qualité qui est de même nature que le sens, de sorte que suivant le vieil adage inspiré de Démocrite, « le semblable est connu par le semblable », parce que le semblable est changé par le semblable :

> Il faut que chaque [sens] soit altéré, afin qu'il y ait sensation : tout [sens] n'est pas altéré par tout sensible mais ce qui est brillant et lumineux est altéré par les couleurs, ce qui est aérien est altéré par les sons, ce qui est vaporeux est altéré par les odeurs, en un mot le semblable est connu par le semblable. Le sens aérien ne peut pas être altéré par les couleurs (Galien, *De l'utilité des parties* VIII, 6, p. 639 = *SVF* II 860).
>
> Les objets de la sensation sont, en tant que corps, composites, et les sens particuliers sentent chacun une chose : celui-ci les couleurs, cet autre le son, et cet autre discerne la saveur, celui-ci les effluves des odeurs, et celui-là le rugueux et le doux (Calcidius, *Commentaire du Timée*, c. 220 = LS 53 G).

Chaque sens possède une certaine qualité, semblable à l'une des qualités des choses, et qui lui permet de la saisir en raison de cette similitude. Ensuite, c'est l'hégémonique qui recompose la totalité de la chose car il est clair que chaque sens rapporte son message à l'hégémonique et que c'est lui qui « comprend l'affect de chacun des sens et infère de leur message ce qu'est l'objet » (*ibid.*). Ce qui fait la représentation, ce n'est pas seulement l'altération d'un sens par une qualité homogène, c'est aussi sa transmission suivie de la reconstitution de la totalité composite de la chose par l'hégémonique. Autrement dit, chaque sens reçoit de la chose la qualité sensible qui lui correspond et transmet le message à l'hégémonique qui recompose la chose à partir des messages des divers sens.

Dans ces conditions, la sensation va être considérée comme un phénomène extrêmement complexe, qui même inclura l'adhésion ou « assentiment » que l'hégémonique donne à la nature de la chose telle qu'il l'a recomposée d'après les informations des sens. La conséquence en est une ambiguïté dans le vocabulaire stoïcien, selon l'étape du processus que l'on va désigner par le terme de « sensation » (*aisthêsis*) :

> Les stoïciens définissent ainsi la sensation : (1) la sensation est l'aperception ou la compréhension au moyen d'un sens. Sensation se dit en de multiples sens : c'est (2) la disposition, (3) la faculté et (4) l'acte. Quant à la représentation compréhensive, elle se produit au niveau de l'hégémonique lui-même au moyen d'un sens ; à la suite de quoi, inversement, on appelle (5) « sens » les souffles intelligents qui s'étendent de l'hégémonique aux organes ([Plutarque], *Plac.* IV 8, 1, 899 D = *SVF* II 850).

On trouve presque les mêmes significations chez Diogène Laërce : « (5) le souffle qui s'étend de l'hégémonique aux sensations, (1) la compréhension effectuée au moyen de ces souffles et (3) l'organisation des organes, dont certains sont handicapés. (4) L'activité est aussi appelée "sensation" » (D. L. VII, 52 = LS 40 Q). Enfin, selon Cicéron, *Ac.* I 41, « (1) ce qui est compris par un sens, Zénon l'appelle aussi "sensation" ». Cette ambiguïté du terme « sensation » explique sans doute que les stoïciens puissent dire à la fois que toute sensation est vraie et que certaines sont vraies, d'autres fausses. En effet, selon les *Opinions des philosophes*, IV 9, 899 F, « les stoïciens disent que les sensations sont vraies, et que, parmi les représentations, les unes sont vraies, les autres fausses ». En revanche, d'après Cicéron, *Académiques* II 101, les stoïciens « disent eux-mêmes que beaucoup de choses sont fausses et que les choses, souvent, sont différentes de leur apparence sensible ». Même présentation chez Sextus, *AM* VIII 185, selon qui « certains des sensibles existent, dans la mesure où ils sont vrais, mais d'autres n'existent pas, et la sensation est mensongère à leur égard ». Dans le premier témoignage, « sensation » doit toujours signifier « compréhension au moyen d'un sens » et c'est dans ce sens que « les sensations sont toujours vraies ». En effet, les stoïciens disaient que voir, toucher entendre ne se font pas de façon compréhensive, mais que sentir ne se fait pas de façon non compréhensive [1]. Et c'est plutôt en comprenant la sensation comme représentation sensorielle que les stoïciens ont dû dire que certaines sensations sont fausses, d'autres vraies : ce serait de cette autre définition de la sensation dont témoignerait le point de vue de Sextus.

1. Galien, *In Hippocratis de medici officina*, p. 654 K. (*SVF* II 75).

Il existe entre les stoïciens et la critique de la fiabilité des sens une différence de point de vue tout à fait fondamentale. La critique sceptique considère la sensation comme un phénomène purement passif, et comme une sorte de vision statique et instantanée. À celui qui est placé en oblique par rapport au portique, le portique semblera aller diminuant ; à celui qui regarde de loin une tour carrée, elle paraîtra avoir la rotondité du cylindre ; le chargement du navire apparaît petit à celui qui ne le scrute pas assez attentivement du regard, le feu des étoiles semble lui-même minuscule [1] ; enfin, la rame semble tordue dans l'eau. Mais ces remarques pertinentes ne sont pas valables comme objections, précisément parce que, même si ces représentations sont fausses, la sensation que j'ai d'une chose n'est pas une représentation instantanée ou statique. Si Chrysippe a refusé à Cléanthe la comparaison de la représentation à l'impression d'un cachet dans la cire, c'est parce qu'elle romprait la continuité du mouvement représentatif, une représentation nouvelle se superposant toujours à la précédente (Sextus, *AM* VII 229). C'est précisément parce que la représentation est un mouvement de modification continu et non une succession d'images qu'elle rend possible une véritable sensation. Nous pouvons nous approcher de la tour pour découvrir qu'elle est carrée, nous déplacer le long du portique pour nous rendre compte qu'il ne va pas en diminuant, et il suffit de toucher la rame pour sentir qu'elle n'est ni tordue ni brisée. « C'est pourquoi nous voulons souvent que l'éclairage soit changé, ainsi que la situation des objets que nous regardons ; nous diminuons ou nous augmentons les intervalles, et nous multiplions nos visées (…). La même chose arrive dans

1. *Cf.* Calcidius, *Commentaire du* Timée, c. 237 (*SVF* II 863).

les sons, les couleurs, les odeurs, les saveurs »[1]. Sentir un objet par la vue, c'est modifier la tension du souffle, la direction de la vue et l'intensité du regard : il en est de même pour tous les sens. Sentir, ce n'est pas seulement être affecté d'une représentation de la chose, mais c'est aussi, par l'activité du souffle sensitif dirigé par l'hégémonique, tâcher de saisir précisément les choses, et ne donner son assentiment à la représentation que lorsque les souffles sensitifs auront correctement inspecté l'objet.

Pour l'auteur du Papyrus d'Herculanum 1020, généralement identifié avec Chrysippe, le « sage ne voit pas mal, n'entend pas mal, et d'une façon générale n'a aucun sens défectueux »[2]. Stobée donne la raison que les stoïciens avaient de soutenir cette thèse : « ils pensent qu'aucun sage ne voit mal, ni n'entend mal, ni n'a aucun sens défectueux car ils pensent que chacun de ces défauts est dû à de faux assentiments »[3]. Il serait évidemment « ridicule » de penser que l'idée des stoïciens est que le sage a une vision de 10 dixièmes à chaque œil : « être sage et bon peut améliorer votre jugement sur beaucoup de choses mais cela ne peut rien pour votre vue »[4]. Aussi cela ne peut-il se comprendre que si l'on veut bien admettre qu'aucune sensation ne se réduit à la représentation instantanée de son objet. Simplement, le sage ne se contente pas d'une vision confuse. S'il est myope, il plissera ses yeux pour augmenter la tension du souffle visuel en resserrant et en concentrant le sommet du cône visuel, et, si cela ne suffit pas il s'approchera de la chose pour mieux

1. Cicéron, *Ac.* II 19 (trad. Bréhier).
2. Papyrus d'Herculanum 1020 (*SVF* II 131), col. IIn.
3. Stobée, *Eclog.* II 7, p. 112, 19-113, 3 (*SVF* III 547).
4. J. Annas, « Truth and knowledge », dans M. Schofield, M. Burnyeat, J. Barnes (eds.), *Doubt and Dogmatism*, Oxford, 1980, p. 93.

la voir. Et c'est seulement alors que le sage donnera son assentiment à l'altération de son âme causée par le retour du souffle visuel. Et c'est seulement alors qu'il aura vraiment la *sensation* de la chose.

LES REPRÉSENTATIONS HUMAINES : REPRÉSENTATIONS RATIONNELLES, REPRÉSENTATIONS NON SENSORIELLES ET NOTIONS

Trois caractéristiques distinguent les représentations humaines des autres représentations animales. La première est le caractère rationnel des représentations humaines. La seconde, le fait que les représentations animales sont simples, tandis que les représentations humaines peuvent être analogiques ou combinées. La troisième, que certaines représentations sont spontanées, d'autres le fruit de l'étude et de l'enseignement.

(1) Toutes les représentations des animaux rationnels sont des *phantasiai logikai*, des « représentations rationnelles ». À ce titre, elles sont appelées des « pensées » (*noêseis*[1]), terme qui indique à l'évidence qu'elles sont des produits de la *dianoia*, c'est-à-dire de l'hégémonique.

Une « représentation rationnelle » est celle d'après laquelle « il est possible que le représenté soit manifesté dans un discours » (Sextus, *AM* VIII 70). En effet, toute représentation de ce type inclut en elle ce que nous pouvons en exprimer, et que les stoïciens appellent un « exprimable » : or ce que nous pouvons exprimer, c'est par exemple que nous pensons qu'une chose est telle ou telle, que nous demandons ce qu'elle est, ou l'ordre que nous donnons à son sujet (*AM* VIII 70-74). Ces exprimables constituent

1. D. L. VII, 51. *Cf.* [Galien], *Définitions médicales*, p. 381 (*SVF* II 89).

ce qui est signifié par le langage. L'exprimable est donc une « chose » que « nous saisissons comme étant au fond de notre pensée » (*AM* VIII 12), « parallèlement à une représentation rationnelle » (*AM* VIII 70). Si la représentation est un processus physique, il paraît clair que l'exprimable n'est pas ce processus : c'est seulement ce qui est exprimable d'un processus extérieur, et qui se distingue aussi du « représentable ». Je vois Caton. Je peux dire : « Caton marche ». Caton, le représentable, est un corps. « Caton marche », l'exprimable, est un fait incorporel[1]. C'est pourquoi les stoïciens disent que l'exprimable est incorporel. Quant au « regard », à l'« éclairage » que nous portons sur une chose, il n'est pas le même selon l'exprimable qui est au fond de notre pensée, selon que la façon dont nous nous le représentons pourrait être exprimée par une question ou une affirmation.

Si nous nous représentons que « ceci est blanc, cela est doux, ceci est mélodieux, cela sent bon, cela est rugueux », c'est-à-dire si nous nous représentons certaines qualités sensibles, si nous reconnaissons ces qualités, si nous les identifions, il y a en effet une opération de la pensée qui dépasse ce qui est perçu par les sens : « c'est déjà par l'esprit que nous obtenons notre compréhension de ces choses-là, non par les sens ». C'est ce contenu *exprimable* qui rend nos représentations rationnelles. À plus forte raison pour des représentations comme « ceci est un cheval, cela est un chien », ou « si c'est un homme, c'est un animal mortel, qui a part à la raison »[2].

Ces représentations rationnelles peuvent être activées ou réactivées, « en mouvement », comme disent les

1. Sénèque, *Lettres* 117, 13 (LS 33 E).
2. Cicéron, *Ac.* II, 21 (LS 39 C).

stoïciens : en ce cas ce sont des « réflexions » (*dianoêseis*[1]). Elles peuvent aussi être stockées et « emmagasinées », et en ce cas ce sont des « notions » (*ennoiai*[2]).

(2) La spécificité de ces notions, en dehors du fait qu'elles sont emmagasinées, c'est que certaines sont « construites par ressemblance » ou par divers autres procédés de construction mentale (D. L. VII 52). Les autres animaux n'ont que des représentations simples, les hommes ont des « représentations par transfert et synthèse »[3]. Ces représentations sont aussi appelées « non sensorielles » et se distinguent des représentations sensorielles en ce qu'elles sont saisies au moyen de l'hégémonique lui-même, tandis que les sensorielles le sont par l'intermédiaire des organes des sens (D. L. VII 51). Ce sont des distinctions que l'on trouve jusque chez Épictète, selon qui il existe

> une disposition de la pensée telle que non seulement nous sommes impressionnés par les sensibles lorsque nous les rencontrons, mais encore nous retenons certaines choses, nous en soustrayons d'autres, nous ajoutons, nous composons certaines choses de nous-mêmes, et, par Zeus, nous passons de certaines choses à d'autres qui leur sont conjointes (*Entretiens* I 6, 10).

Diogène Laërce nous a transmis une liste détaillée des divers modes de formation de ces représentations non sensorielles, liste dont on trouve des échos dans plusieurs textes de Sextus (*AM* VIII 56-60 ; III 40-42 ; IX 393-395),

1. Plutarque, *De l'intelligence des animaux*, 961 C-D ; Philon, *Que Dieu est immuable*, 34.

2. *Ibid.* ; *cf.* [Galien], *Définitions médicales*, p. 381 (*SVF* II 89) ; Plutarque, *Not. Comm.* 47, 1085 A-B (*SVF* II 847).

3. Sextus, *AM* VIII 276 (*SVF* II 223, LS 53 T).

dont seul le second figure parmi les fragments d'Arnim (*SVF* II 88). Voici le texte de Diogène, VII, 52-53 [1] :

> Parmi nos objets de pensée, certains ont été conçus par rencontre, les autres par ressemblance, les autres par analogie, les autres par déplacement, les autres par composition, les autres par leur contraire. Les sensibles ont été conçus par rencontre ; par ressemblance, a été conçu ce qui est conçu à partir de quelque chose de voisin, comme Socrate d'après son portrait ; par analogie, ce que l'on a conçu soit par agrandissement, comme Tityos et le Cyclope, soit par diminution, comme le Pygmée ; et le centre de la terre a aussi été conçu par analogie d'après des sphères plus petites ; par déplacement, on a conçu par exemple des yeux sur la poitrine ; enfin c'est par composition que l'on a conçu l'hippocentaure, et la mort par son contraire. Quant à certaines choses comme les exprimables et le lieu, c'est par transfert qu'on les a conçues. C'est naturellement que l'on pense à quelque chose de juste et de bien. Et [il y a aussi des choses conçues] par privation, par exemple un manchot.

Le premier mode de formation des pensées est donc celui qui est simplement issu de la rencontre des sensibles. Les exemples de Sextus, *AM* III 40 sont : le blanc et le noir, le doux et l'amer. Ces notions se forment d'elles-mêmes. Elles se distinguent des représentations sensorielles en étant formées à partir de souvenirs et, lorsqu'elles sont ravivées et remises en mouvement, ne sont pas causées par un affect immédiat. L'hégémonique ressemble en effet à la naissance à un « petit rouleau de papyrus sur lequel

1. Sur ces textes, voir désormais mon article, « L'origine des pensées : un bien commun des épicuriens et des stoïciens », dans E. Végléris (éd.), *Cosmos et psychè*, G. Olms, Hildesheim, 2005, p. 271-291, qui développe les analyses contenues dans les pages qui suivent.

on peut facilement écrire » – c'est la fameuse image de la *tabula rasa*. L'inscription de notions se fait à partir de souvenirs homogènes : se souvenir consiste à accepter comme vraie et à retenir fermement (*comprendre* disent les stoïciens) la représentation d'une qualité sensible passée. Par exemple, « lorsqu'on a senti quelque chose comme du blanc, on en a un souvenir après sa disparition »[1]. Plusieurs souvenirs de même forme constituent une expérience et c'est ainsi que se constitue une notion du blanc. Les notions sont donc différentes des souvenirs, puisqu'elles supposent une « expérience » et qu'elles représentent quelque chose qui est commun (le blanc ou le doux) à plusieurs souvenirs différents. « Selon Chrysippe la douceur générique est pensable, tandis que la douceur spécifique, que l'on rencontre, est déjà sensible »[2]. La douceur du miel est sensible, mais le doux lui-même est seulement pensable. Il en va de même pour les couleurs. Ces qualités ont incontestablement une certaine généralité ou « communauté ». Le souvenir, lui, est brut et conserve la représentation dans sa singularité. La notion d'un sensible est donc la représentation non sensorielle d'un sensible, qui se distingue d'une représentation sensorielle par trois caractères : le sensible représenté n'est pas actuellement sensible ; ce qui est représenté est une qualité sensible isolée d'autres qualités sensibles avec lesquelles elle a été donnée ; cette qualité sensible est commune à plusieurs représentations. Toutefois, l'opération qui produit une notion n'a rien que de naturel et de spontané : ce n'est pas une opération artificielle et volontaire. D'autre part, rien

1. [Plutarque], *Plac.* IV 11, 900 B (*SVF* II 83, LS 39 E). *Cf.* Plutarque, *De l'intelligence des animaux*, 961 D et [Galien], *Définitions médicales*, p. 381 (*SVF* II 89).

2. Stobée, *Eclog.* I 50, p. 477, 1-2 (*SVF* II 81).

n'indique que la notion ainsi formée ait un caractère conceptuel : rien n'indique par exemple que cette notion implique la capacité à définir ce dont il s'agit.

Il semble en revanche que la notion formée « par ressemblance » soit beaucoup plus individualisée. L'exemple est : « Socrate d'après son portrait ». La représentation sensorielle d'une image se double de la représentation non sensorielle de ce que celle-ci « représente » (et cette fois, le terme peut être utilisé dans son sens plein). Or, il est évident que la représentation que je me forme de Socrate d'après son portrait est celle de qualités qui seraient sensibles si Socrate était vivant et présent, et que cette représentation prend une forme quasi visuelle, et parfaitement individualisée, différente de l'abstraction schématisée présente dans les notions précédentes. Socrate étant mort, la représentation que je peux en avoir ne peut venir de l'affect que produirait directement la vue de son visage, l'audition de sa voix ou le toucher de sa main. Mais la représentation que je peux m'en faire « d'après son portrait » est celle de son apparence physique, c'est-à-dire celle de ses qualités sensibles.

Le troisième mode de formation des notions est celui « par analogie ». Diogène et Sextus en donnent comme exemples Tityos et le Cyclope, deux géants que nous concevons par agrandissement d'un homme normal, et le pygmée, que nous nous représentons par diminution. Diogène ajoute le centre de la terre, « pensé par analogie d'après des sphères plus petites ». L'imaginaire ne diffère pas ici de la construction mentale des objets géométriques. Pourtant, le centre de la sphère a beau être invisible, comme celui de toute sphère, et comme toute forme géométrique aux yeux des stoïciens, ce n'est pas un phantasme dépourvu de réalité. En revanche, le pygmée, Tityos, le Cyclope (deux géants) sont aux yeux des stoïciens des êtres purement imaginaires. Sénèque, *Lettres*, 58, 15 (LS 27 A) écrit en effet que, selon les stoïciens, « dans la nature, certaines choses existent, d'autres n'existent pas. Et celles mêmes qui ne sont pas, la nature les contient aussi : ce sont les choses qui se présentent à la pensée, comme les centaures, les géants, et tout ce qui, formé par une pensée fausse, commence à avoir une image, tout en n'ayant pas de réalité ». Malgré tout, ces deux types de pensées franchissent une limite que ne franchissait pas le précédent : par elles, je me représente des choses qui ne peuvent pas et n'ont jamais pu faire l'objet d'une représentation sensorielle simple. Si j'avais vécu du temps de Socrate, j'aurais pu le voir réellement : cela n'a jamais été possible pour le centre de la terre ni pour un géant. Par ailleurs, rien n'implique que cette représentation ait un caractère nettement individualisé : en me représentant un Cyclope par agrandissement, je ne lui donne pas nécessairement des traits individualisés. Il s'agit là d'une représentation assez différente de celle par ressemblance que pourrait susciter un tableau représentant un Cyclope, ou une statue monumentale.

Le mode de formation des notions « par déplacement, comme des yeux sur la poitrine », n'est répertorié que par Diogène Laërce. Il s'agit là aussi de la représentation d'une chose qui n'existe pas, à partir de la représentation sensorielle de choses qui existent. L'exemple donné permet de comprendre que les différentes opérations mentales nécessaires à l'élaboration d'une notion ne sont pas exclusives les unes des autres, puisque par exemple le Cyclope n'est pas seulement conçu par agrandissement, mais aussi par déplacement d'un œil au milieu du front et par privation de l'autre.

Le cinquième mode de formation des notions est celui qui se fait « par composition, comme l'hippocentaure ».

L'exemple est développé par Sextus, *AM* III 41 : « en mêlant des membres d'un cheval et des membres humains, nous nous sommes forgés à nous-mêmes une représentation qui n'est ni celle d'un homme ni celle d'un cheval, mais celle d'un composé des deux, l'hippocentaure ». La représentation par composition est bien évidemment là aussi celle d'un être qui n'existe pas.

Le sixième mode de formation des notions selon Diogène Laërce est la pensée « par contrariété », dont il donne comme exemple la mort. Il faut sans doute comprendre que l'on conçoit la mort comme le contraire de la vie.

Après l'exposé de ces six modes, les façons de penser font l'objet dans le texte de Diogène d'une phrase supplémentaire nettement détachée, qui ne se retrouve pas dans les énumérations de Sextus. Elle concerne la représentation des exprimables, du lieu, du juste, du bien, et de la privation de main. Le caractère manifestement rapporté de ces phrases indique qu'il s'agit de précisions concernant certains cas moins évidents que les précédents. Seul fait manifestement exception le dernier exemple, qui semble bien être celui d'un mode de formation supplémentaire. À première vue, il peut paraître étrange que Diogène Laërce donne « manchot » (sans main, en l'occurrence) comme exemple de pensée par privation, puisque l'on peut en principe fort bien *voir* un homme sans main. Or, ce n'est en réalité pas exact. Nous ne voyons un homme *sans main* que par comparaison avec des hommes dotés de mains dont nous avons conservé le souvenir ; il est donc bien vrai que l'on ne se représente un tel individu que par privation de l'homme normal doté de ses deux mains.

En revanche, la notion de l'exprimable et du lieu, qui sont deux incorporels, ne constitue manifestement pas une pensée formée sur un mode nouveau. Elle n'a évidemment rien de sensible. En effet, les incorporels sont incapables d'agir ou de pâtir, ils ne peuvent donc produire le moindre affect dans les sens. Aussi les stoïciens disent-ils que « l'hégémonique en reçoit une représentation, mais non de leur fait ». Dans le texte de Sextus qui rapporte cette description (*AM* VIII, 409 = LS 27 E), elle est précédée quelques lignes plus haut d'une remarque selon laquelle « les incorporels ne font rien et ne se représentent pas en nous, mais c'est nous qui nous les représentons à leur occasion » (§ 406). Selon Sextus, les stoïciens illustrent cette possibilité par une image. Selon eux, « de même que le maître de gymnastique et le maître d'armes tantôt prennent la main de l'enfant pour lui enseigner le rythme et le mouvement, tantôt se tiennent à distance et se montrent effectuant eux-mêmes des mouvements rythmés pour servir d'exemple, de même certains des représentés font une impression dans l'hégémonique comme s'ils le touchaient (ainsi font le blanc, le noir et généralement tout corps), d'autres en revanche sont d'une nature telle que l'hégémonique en reçoit une représentation, mais non de leur fait : ainsi les exprimables incorporels » (§ 409). L'exactitude analogique de cette image est assez faible, précisément parce que l'enfant qui regarde les mouvements de son maître en reçoit une représentation visuelle. Plus parlante est donc en réalité la remarque de Diogène Laërce selon laquelle ces incorporels sont conçus par transfert. Or nous savons par Sextus que le terme employé ici par Diogène, *metabasis*, est le terme générique pour désigner toutes les pensées qui ne se forment pas par rencontre mais par ressemblance, composition ou analogie [1].

1. Sextus, *AM* III 40 ; *AM* IX 393-395.

Qu'est-ce que le lieu, d'abord ? Pour un stoïcien, « le lieu est égal à l'être qui l'occupe »[1] ; se représenter un lieu consiste donc à passer d'un être corporel à « ce qui est occupé entièrement (...) ou bien ce qui est susceptible d'être occupé entièrement par [cet] être »[2]. Quand je me représente le lieu, je me représente un incorporel qui est lié au corps et qui lui coexiste, et je passe de l'un à l'autre, en substituant mentalement l'un à l'autre. Cette opération semble en fait pouvoir être assimilée à la représentation par ressemblance.

Le même type de relation vaut pour le rapport qui existe entre un exprimable et le son qui le véhicule. Nous passons du son (corps sensible) à ce qu'il signifie (exprimable incorporel) et au porteur du nom : ce transfert n'est nullement spontané puisque quiconque ne connaît pas une langue est incapable de l'effectuer[3]. Le passage au signifié de la phrase prononcée est une opération de pensée qui suppose simplement la connaissance de la langue, c'est-à-dire l'habitude de l'association automatique d'un son à l'exprimable qui lui correspond[4]. Posidonius dit explicitement que le langage peut agir comme une peinture en provoquant une image analogue à la sensation[5]. Le

1. Sextus, *AM* X 3 (*SVF* II 505, LS 49 B).

2. Stobée, *Eclog.* I 18, p. 161, 9-11 (*SVF* II 503, LS 49 A).

3. Sextus, *AM* VIII 12 (*SVF* II 166, LS 33 B).

4. On acquiert cette capacité à passer de l'un à l'autre par l'observation et la mémoire. Augustin écrira (on peut supposer, sans preuve il est vrai, une inspiration stoïcienne) : « quand ils appelaient quelque chose d'un certain nom et qu'ils accompagnaient ce son vocal d'un mouvement vers quelque corps, je voyais et je retenais que cette chose était appelée du nom qu'ils faisaient résonner, lorsqu'ils voulaient la désigner » (*Confessions* I 8).

5. Galien, *PHP* V 6, 25-26, p. 330, 28-31 (Posidonius F 162, LS 65 Q) : « Comment quelqu'un pourrait-il mettre en action la partie

langage est évocateur : il éveille des images en nous, comme le fait une impression sensible. La façon dont nous nous représentons les exprimables n'est donc pas éloignée de la façon dont nous nous représentons quelque chose par ressemblance, même si les mots ne ressemblent pas aux choses.

Reste alors que Diogène rapporte que nos pensées du juste et du bien se forment de façon « naturelle ». Or, on sait que Chrysippe a distingué les notions qui se forment naturellement de celles qui se forment par « l'enseignement ou l'étude »[1]. Cette distinction est en fait la troisième des caractéristiques qui différencient les représentations humaines des représentations des bêtes.

(3) Les notions formées naturellement portent aussi le nom de « prénotions », tandis que les secondes s'appellent simplement « notions » (le terme générique sert donc aussi à désigner ces notions artificielles), et proviennent des opérations que nous effectuons sur les premières[2]. On serait donc tenté de supposer que les prénotions se forment sans construction mentale, et ne supposent que des représentations simples. Si nous étudions la façon dont se forment spontanément nos idées morales, nous verrons toutefois que la situation est un peu plus complexe.

En effet, pour les stoïciens, « ce n'est ni par addition, ni par agrandissement, ni par comparaison, c'est par sa

irrationnelle par le moyen du langage, à moins qu'il ne lui offre une image vivante semblable à une impression sensible ? Ainsi certains ont-ils leur appétit éveillé par un récit et quand quelqu'un leur dit, en termes réalistes, de fuir le lion qui approche, ils sont effrayés sans l'avoir vu » (traduction LS modifiée).

1. [Plutarque], *Plac.* IV 11, 900 B (*SVF* II 83, LS 39 E).

2. *Ibid. Cf.* Augustin, *Cité de Dieu* VIII 7 (*SVF* II 106 ; en partie dans LS 32 F).

force propre que nous sentons le bien et que nous l'appelons ainsi ». Mais il n'empêche que c'est « par analogie », et non par expérience ou rencontre[1]. La *Lettre 120* de Sénèque précise que c'est par l'observation et la similitude de « choses qui se produisent souvent » que nous comprenons par analogie le bien : parce que nous connaissons la santé du corps, « par analogie nous avons pensé qu'il en existe aussi une certaine forme pour l'âme » (§ 4-5). C'est donc par analogie avec la force et la santé du corps que nous concevons cette force et cette santé de l'âme qu'est la vertu. Ce n'est pas par expérience, ni en agrandissant mentalement la force du corps que l'on peut se représenter celle de l'âme, puisque la différence qui existe entre la seconde et la première n'est pas une différence de taille ou de degré, mais de nature. La principale raison pour laquelle on peut dire que le juste et le bien se forment naturellement ne tient donc pas dans la simplicité de ces représentations mais dans le fait que c'est la nature qui nous conduit à former ces représentations : le « premier penchant de l'homme » est pour sa propre conservation et pour « ce qui est conforme à la nature »[2]. C'est cette inclination qui forme *naturellement* nos représentations du juste et du bien, car, en comparant les choses conformes à la nature, il en perçoit l'harmonie et la cohésion, et conçoit ainsi la notion du bien.

La formation naturelle de cette prénotion n'empêche évidemment pas que nous nous en formions une notion plus élaborée, par l'enseignement et l'étude : c'est la

1. Cicéron, *Des fins* III 33-34 (*SVF* III 72, LS 60 D).

2. *Ibid.*, III 21 (LS 59 D). Sur cette question, voir notamment G. Striker, « The role of *oikeiosis* in Stoic ethics », *Oxford Studies in Ancient Philosophy*, 1983, p. 145-167 ; B. Inwood « Hierocles : Theory and argument in the second century BC », *ibid.*, 1984, p. 151-183.

connaissance de la « nature commune » qui éclaire la notion du bien et du mal, et la « théorie physique » n'a pas d'autre raison que la « distinction du bien et du mal » [1]. Il en va de même pour toute prénotion : que nous nous formions naturellement une prénotion du blanc n'empêche pas que nous puissions aussi nous en former, par l'étude et l'enseignement, une notion plus élaborée ; la notion stoïcienne du blanc, qui en fait une certaine tension de l'air ou du souffle, n'est évidemment pas une prénotion.

Si nous appliquons nos propres catégories de pensée, il semble qu'il demeure un type de représentation dont l'origine n'est guère élucidée. Qu'en est-il en effet d'une notion comme celle de l'homme ou du cheval ? Nous serions enclins à penser que tout ce qui représente ce que nous considérons comme une substance, c'est-à-dire une réalité qui existe de façon indépendante, ne peut être représenté de la même façon que l'est une qualité comme le blanc ou le doux. Mais, en fait, telle n'est pas la conception des stoïciens. Pour eux, l'homme est au même titre que le blanc ce que Diogène de Babylone appelle une « qualité commune », par opposition à la « qualité propre » qui est désignée par un nom comme « Diogène », ou « Socrate » (D. L. VII, 58). La qualité est ce qui fait que chaque chose dans le monde est différente d'une autre parce que différemment qualifiée. Cette qualité est comme on l'a vu, une certaine tension de l'air et du souffle qui est saisissable par les sens. Mais la représentation sensible ne me donne jamais pour chaque chose que la totalité de ses qualités. Si je peux différencier dans une chose une qualité commune, c'est un travail de la pensée, qui ne différera guère, en ce qui concerne la notion de ce qu'est un homme, de la notion

1. Plutarque, *Contr. Stoic.* 9, 1035 D (*SVF* III 68, LS 60 A).

de ce qu'est le blanc. Il va de soi que dans ce cas aussi, on pourra se former une notion élaborée de ce qu'est un homme, différente de la prénotion. Ce sera celle qui pourra s'exprimer sous la forme : « si c'est un homme, c'est un animal mortel qui a part à la raison » [1].

La distinction entre la prénotion et la notion se retrouve dans la distinction entre les deux types de définitions qui leur correspondent : à la prénotion correspond l'esquisse (*hupographê*), tandis qu'à la notion élaborée correspond la définition proprement dite (*horos*), la première permettant de reconnaître la chose, tandis que la seconde restitue ce qui lui est propre (D. L. VII, 60).

Que conclure de l'analyse que les stoïciens donnent de la représentation humaine? Qu'ils ne sont pas à proprement parler empiristes au sens le plus radical où les anciens l'entendaient [2] : selon leurs propres conceptions, la formation de nos notions demande plus que l'accumulation de souvenirs. Elle demande que ces souvenirs soient manipulés par la pensée de façons diverses afin d'arriver soit à une prénotion, soit à une notion élaborée. À l'évidence pourtant, ils ne croient ni à l'existence d'idées platoniciennes, ni à celle d'idées innées comme les cartésiens, ni même à celle d'*a priori* comme les kantiens : notre pensée ne se réduit pas à l'expérience, mais *il n'y a rien dans notre pensée qui précède la représentation sensible.* Sans doute est-ce d'eux que nous vient cette formule de Sextus

1. Cicéron, *Ac.* II 21 (LS 39 C).

2. Pour comprendre ce que peut être une pensée empiriste radicale dans l'Antiquité, *cf.* M. Frede, « An empiricist view of knowledge : Memorism », dans S. Everson (éd.), *Companions to Ancient Thought*, 1. *Epistemology*, Cambridge, Cambridge University Press, 1990, p. 225-250.

(*AM* VIII 56) : « toute pensée est issue de la sensation ou ne se produit pas sans elle »[1].

1. On peut se demander si, par un singulier retournement, Épictète n'aurait pas introduit dans le stoïcisme une version de la théorie des idées innées en modifiant la problématique de la « prénotion ». C'est assez difficile à déterminer, parce que le texte d'Épictète qui est souvent interprété comme décrivant l'homme muni d'un certain nombre de prénotions dès sa naissance est assez peu explicite. Épictète oppose en effet les notions mathématiques, que nous ne pouvons connaître que par l'enseignement, aux « notions innées » du bien et du mal, du honteux et de son contraire, etc. (*Entretiens*, II 11, 2-3). Il dit des premières notions que nous « arrivons » sans en avoir de conception par nature et des secondes que nous « arrivons comme instruits de certaines choses par la nature » (2-6). Quel est le sens d'« arriver » ? Il paraît difficile dans le contexte de comprendre autre chose qu'« arriver sur terre » comme le font Émile Bréhier et Pierre Aubenque dans la traduction de la Pléiade. Mais il est vrai que l'idée d'un enseignement de la nature semble conforme à l'orthodoxie stoïcienne, et Pierre Aubenque maintient que « les prénotions (...) ne sont pas innées » (p. 1342). En tout état de cause, même si Épictète a posé quelques rudiments d'innéisme, il n'a guère éclairci sa pensée : il s'en est tenu au simple constat que ce n'est pas l'enseignement qui nous donne une prénotion du bien.

Sur l'originalité ou non d'Épictète sur ce point, voir J. Barnes, « Grammaire, rhétorique, épistémologie et dialectique », dans J.-B. Gourinat et J. Barnes (dir.), *Lire les stoïciens*, Paris, P.U.F., 2009, p. 142-144.

Sur la possibilité d'idées innées dans la tradition stoïcienne, voir M. Jackson-McCabe, « The Stoic theory of implanted preconceptions », *Phronesis*, 49 (2004), p. 323-347. La même question sur l'innéisme et son originalité dans la tradition stoïcienne est soulevée à propos de la *Lettre* 120 de Sénèque. Voir B. Inwood, *Reading Seneca. Stoic Philosophy at Rome*, Oxford, Oxford University Press, 2005, « Getting to goodness », p. 271-301 et I. Hadot, *Sénèque. Direction spirituelle et pratique de la philosophie*, Paris, Vrin, 2014, « Annexe : Getting to goodness », p. 373-414.

L'ASSENTIMENT

LA NATURE DE L'ASSENTIMENT

Nous n'avons pas conservé de définition stoïcienne de l'assentiment. Nous savons néanmoins qu'il s'apparente à une « approbation » et à un « penchant »[1]. Cicéron le décrit comme l'acte « d'accorder foi »[2]. Nous en connaissons plusieurs formes, dont l'opinion, le jugement et la connaissance[3]. Nous n'ignorons pas non plus le sens que le mot possédait dans la langue ordinaire, puisque, comme le rappelle Voelke, le terme « désigne à l'origine le fait d'être d'accord avec quelqu'un et évoque l'idée d'un scrutin où l'on dépose le même suffrage qu'un autre votant »[4].

Comme la représentation et l'impulsion, l'assentiment est une modification[5] et un mouvement de l'hégémonique[6].

1. Origène, *Traité des principes* III 1, 4 (*SVF* II 988, p. 288, l. 25).

2. *Adjungere fidem* : Cicéron, *Ac.* I 41 (*SVF* I 60, LS 40 B).

3. Clément d'Alexandrie, *Stromates*, II 12, 55 (*SVF* II 992). Clément mentionne l'opinion (*doxa*), le jugement (*krisis*), la conviction (*hupolêpsis*) et la connaissance (*mathêsis*). Les trois premiers termes sont bien attestés, même si *krisis* ne semble pas avoir un sens spécifique, mais apparaît plutôt comme un terme général. Il est généralement associé aux jugements de valeur dans les passions. *Mathêsis*, qui n'est pas un terme technique stoïcien, est probablement un substitut pour *katalêpsis*.

4. A.-J. Voelke, *L'idée de volonté dans le stoïcisme*, Paris, P.U.F., 1973, p. 31.

5. Sextus, *AM* VII 237.

6. Plutarque, *Contre Colotès* 26, 1122 B (LS 69 A).

Il s'agit donc d'un événement psychique comme les autres. Il appartient tout autant qu'eux à la partie hégémonique, et ne suppose pas une partie spécifique de l'âme. Mais il diffère des autres facultés ou activités de l'âme comme la saveur et le parfum du fruit diffèrent l'un de l'autre : de même que ni la saveur ni le parfum ne sont localisés dans une partie du fruit, il n'y a pas de partie de la pensée spécifiquement réservée à la production des représentations ou des assentiments [1]. En outre, l'assentiment se distingue de la représentation en ce que celle-ci est essentiellement passive, tandis qu'assentiment et impulsion sont pleinement des activités de l'âme (Sextus, *AM* VII 237).

En tant qu'assentiment, le jugement diffère de la représentation que je puis me faire de quelque chose comme de la proposition correspondante. Ce n'est pas la même chose de me représenter que « ceci est un homme » et de reconnaître qu'il en est bien ainsi. Ce n'est pas non plus la même chose de dire quelque chose et de donner son adhésion à ce que l'on dit. Cette adhésion ou approbation constitue l'assentiment. Mais on peut dire quelque chose de façon réfléchie et totalement dépourvue de spontanéité sans y adhérer. Ainsi le sage « dira quelquefois le faux, mais ne se trompera pas en le disant, parce que son esprit ne donnera pas son assentiment au faux » (Sextus, *AM* VII 43-44). En effet, il peut arriver que le sage soit forcé de mentir, « dans la stratégie, contre l'adversaire; dans la prévision de tout ce qui est utile, et en général dans tout ce qui concerne l'administration de la vie » [2]. Le médecin ment pour sauver son patient, le général rédige

1. Jamblique cité par Stobée, *Eclog.* I 49, p. 368, 12-20 (*SVF* II 826, LS 53K).

2. Stobée, *Eclog.* II 7, p. 111, 15-17 (*SVF* III 554).

de faux messages annonçant des renforts alliés pour maintenir le moral des troupes, le grammairien fait un solécisme pour l'exemple (Sextus, *AM* VII 43-44). De même, le sage peut mentir pour des raisons pratiques de la façon la plus réfléchie qui soit.

Ce n'est donc pas son caractère réfléchi qui distingue l'assentiment de la représentation, c'est le fait que l'assentiment possède une dimension de résolution et de décision qui est absente de la représentation. De même que dans un procès le fait d'écouter les différentes parties en présence n'est pas encore un jugement, de même le fait de se représenter quelque chose n'est pas encore assentir. C'est en ce sens que le caractère « actif » de l'assentiment le distingue de la représentation : la représentation n'est pas purement passive, puisqu'elle est à bien des égards produite par l'hégémonique, mais la pensée ne se prononce pas encore sur la validité de ce qu'elle se représente.

Mais à quoi donne-t-on son assentiment ? à une représentation ou à une proposition ? La signification originelle du terme plaide en faveur de la seconde hypothèse. Dans le cas où l'on tombe d'accord avec quelqu'un, il semble normal de considérer que c'est à la proposition qu'il énonce que l'on donne son assentiment. En revanche, la signification que les stoïciens donnent à l'assentiment plaide en faveur de la première hypothèse : une comparaison célèbre, remontant à Zénon, distingue la simple représentation, qui est comme la paume ouverte, de l'assentiment, qui referme les doigts [1]. Si l'assentiment est un mouvement physiologique comparable à une main qui se referme dans la continuité de la représentation, ce doit

1. Cicéron, *Ac.* II 145 (*SVF* I 66, LS 41 A).

être un processus physiologique qui s'applique à un autre processus physiologique, la représentation.

Les témoignages que nous possédons ne s'accordent pas sur ce point, et les interprétations qui ont pu être données par les commentateurs modernes sont donc divergentes.

Selon la majorité des témoignages anciens, l'assentiment concerne une représentation. Zénon disait que la « compréhension » est une représentation « saisie et approuvée » [1] : or la « compréhension » est un assentiment, donné précisément à une représentation dite « compréhensive » [2]. De nombreux passages de Sextus, de Diogène Laërce, de Porphyre, d'Alexandre d'Aphrodise, d'Origène, d'Épictète et enfin du *papyrus d'Herculanum 1020*, attribué à Chrysippe vont dans le même sens, disant que l'assentiment est donné à une représentation [3].

Mais il existe deux textes d'après lesquels il semble bien que l'assentiment aille à une proposition et non à une représentation. L'un est un texte de Stobée, d'après lequel « les assentiments portent sur certaines propositions » [4]. Le second est un texte de Sextus qui rapporte un propos d'Arcésilas, l'Académicien grand rival de Zénon, objectant à ce dernier que « l'assentiment ne se rapporte pas à la représentation mais à la parole, car les assentiments concernent des propositions » [5]. Si l'on pense qu'Arcésilas

1. Cicéron, *Ac.* I 41 (*SVF* I 60, LS 40 B).

2. Sextus, *AM* VII 151 (*SVF* II 90, LS 41 C) ; VIII 397 (*SVF* II 91) ; XI 182 (*SVF* II 97) ; *HP* III 242.

3. Sextus, *AM* VII, 416-417 (cf. *SVF* II 276, LS 37 F) ; Diogène Laërce VII 177 (*SVF* I 625, LS 40 F) ; Porphyre ap. Stobée, *Eclog.* I 25, p. 349, 25-27 (*SVF* II 74) ; Alexandre d'Aphrodise, *De anima*, p. 161, 33-34 (*SVF* III 63) ; Origène, *Contre Celse* VII 37 (*SVF* II 108) ; Épictète cité par Aulu Gelle, *Nuits attiques* XIX, 1, 15-16 ; papyrus d'Herculanum 1020, col. IVn = Ox Nd. (*SVF* II 131, LS 41 D).

4. Stobée, *Eclog.* II 7, p. 88, 4 (*SVF* III 171).

5. Sextus, *AM* VII 154 (LS 41 C).

avait l'habitude de réfuter ses adversaires en utilisant leurs propres dogmes, on en conclura que c'est un second témoignage en faveur d'une doctrine de l'assentiment à une proposition. Mais ce n'est manifestement pas ainsi qu'Arcésilas procède en l'occurrence, puisque l'argument suivant consiste à dire que de nombreux exemples prouvent qu'il n'existe pas de représentation vraie qui ne puisse devenir fausse : autrement dit, il récuse l'existence de la représentation « compréhensive » admise par les stoïciens [1]. Ces deux arguments joints ensemble (1 : on ne donne pas son assentiment à la représentation mais à la proposition ; 2 : il n'y a pas de représentation compréhensive) ont pour but de démontrer qu'il n'existe pas de compréhension, c'est-à-dire d'assentiment à la représentation compréhensive. L'objection d'Arcésilas confirme donc plutôt les témoignages selon lesquels, d'après Zénon, on donne son assentiment à la représentation et non à la proposition [2].

Le témoignage de Stobée selon lequel on acquiescerait à des propositions et non à des représentations est donc parfaitement isolé. Ce témoignage est pourtant fréquemment retenu dans des études contemporaines qui acceptent l'idée que c'est à la proposition que l'on donne un assentiment, arguant que cette thèse serait moins simplifiée, plus

1. Sextus, *AM* VII 153 (LS 41 C).

2. C'est l'interprétation de M. Frede, « The Stoic doctrine of the affections of the soul », dans M. Schofield et G. Striker (eds.), *The Norms of Nature. Studies in Hellenistic Ethics*, Cambridge-Paris, Cambridge University Press, 1986, p. 103 ; de M.E. Reesor, *The Nature of Man in Early Stoic Phitosophy*, Londres, Duckworth, 1989, p. 61 et d'A.M. Ioppolo, « Presentation and assent : a physical and cognitive problem in early Stoicism », *Classical Quarterly*, 40 (1990), p. 440. Sur la méthode d'Arcésilas, voir Cicéron, *Ac.* II 45 et A.M. Ioppolo, *Opinione e scienza*, Naples, Bibliopolis, 1986, p. 157-160.

« précise » et constituerait donc la véritable doctrine stoïcienne[1].

En fait, il n'y a rien d'évident dans cette pétition de principe. Michael Frede a montré à plusieurs reprises[2] pourquoi il fallait peut-être considérer qu'il y a davantage de sens à parler d'assentiment aux représentations que d'assentiment aux propositions. Selon lui, la raison principale est que des pensées qui ont le même contenu propositionnel peuvent différer énormément les unes des autres selon la façon dont elles sont pensées. Si je pense que le livre que j'ai sous mes yeux est vert, et si je pense qu'un livre que je n'ai jamais vu est vert parce que les autres livres de la même collection sont verts, ma pensée a le même contenu propositionnel, mais ce n'est pas la même pensée. Il s'agit dans le premier cas d'une représentation sensorielle, et dans le second cas d'une représentation conclue « par transfert » d'un raisonnement.

Il est vrai que, dans cet exemple, rien ne prouve encore que ce n'est pas à la proposition que je donne mon assentiment. Mais au moins, il est clair qu'une proposition diffère de la façon dont je me représente cette proposition. Michael Frede prend donc un exemple plus décisif : comme on le verra dans le chapitre suivant, pour les stoïciens, la peur, en tant que passion, est une forme de jugement. Admettons donc que quelqu'un pense que Socrate va mourir. Il n'en sera effrayé que s'il pense que la mort est

1. C'est explicitement l'argument de B. Inwood, *Ethics and Human Action in Early Stoicism*, Oxford, Oxford University Press, 1985, p. 56-57. Dans le même sens déjà : A.-J. Voelke, *L'idée de volonté* (*op. cit.*) p. 30 (« À proprement parler l'objet immédiat de l'assentiment est une proposition »).

2. M. Frede, « The Stoic doctrine of the affections of the soul » (art. cit.), p. 103-107 ; « Stoics and Skeptics on clear and distinct impressions » (art. cit.), p. 152-156.

un mal et s'il est bien disposé à l'égard de Socrate. Un ennemi de Socrate ou quelqu'un qui pense que la mort n'est pas un mal n'en ressentira pas de peur. Cela signifie donc que la peur que Socrate ne meure ne consiste pas seulement à donner son assentiment à la proposition que Socrate meure, mais aussi à la façon dont on se représente la proposition, autrement dit à la représentation.

Une anecdote célèbre rapportée par Diogène Laërce semble bien aller dans le même sens. Le philosophe stoïcien Sphaïros (Sphérus) discutait avec Ptolémée Philopater. La conversation était venue sur le sage : les stoïciens définissent habituellement l'opinion comme un assentiment au faux et disent que le sage n'a pas d'opinion (D. L. VII 121).

> Sphaïros ayant soutenu que le sage n'avait pas d'opinion, le roi qui voulait le réfuter ordonna qu'on lui apportât des grenades en cire. Sphaïros fut trompé et le roi s'écria qu'il avait donné son assentiment à une représentation fausse. À quoi Sphaïros rétorqua habilement en disant qu'il avait reconnu non pas que c'étaient des grenades mais qu'il était probable (*eulogon*) que c'étaient des grenades. Or il existe une différence entre la représentation compréhensive et le probable [1] (D. L. VII 177 = *SVF* I 625, LS 40 F).

1. Je traduis ici le grec *eulogon* par « probable », parce que cette traduction fonctionne mieux dans le contexte, mais la traduction par « raisonnable » fonctionne mieux dans d'autres concepts, notamment dans la définition du devoir. L'*eulogon* se distingue du *pithanon* (« crédible ») mais Cicéron a traduit les deux termes par le même terme latin *probabilis*, ce qui engendre certaines confusions, notamment entre la position stoïcienne et celle des académiciens, à commencer par Arcésilas (car l'*eulogon* est le critère d'action d'Arcésilas). La distinction est énoncée clairement par D. L. VII. 75-76. Sur ce point, voir J.-B. Gourinat, « Cicéron fondateur du probabilisme ? Remarques sur l'emploi du terme *probabilis* chez Cicéron » dans P. Galland et E. Malaspina (éd.), *Vérité et apparence. Mélanges en l'honneur de Carlos Lévy*, Turnhout, Brepols, 2016, p. 257-268.

Il serait évidemment intéressant de savoir ce que Sphaïros avait dit exactement, pour qu'il ait pu dire ensuite qu'il n'avait donné son assentiment qu'à la probabilité de la représentation. Quoi qu'il ait pu dire, la manière dont il se tire du mauvais pas où il s'est mis repose sur une distinction entre la représentation que ce sont des grenades (à laquelle il n'aurait pas donné son assentiment, puisqu'il ne l'aurait pas eue) et la représentation qu'il est probable que ce sont des grenades, représentation à laquelle il aurait donné son assentiment. Donc, d'après lui, selon que je me représente clairement et distinctement quelque chose, ou selon que je me la représente avec probabilité, la représentation n'est pas la même. En revanche, puisque Ptolémée pense l'avoir pris en faute, il faut bien que la proposition correspondante soit la même, et que la représentation probable que ce sont des grenades et la représentation vraie que ce sont des grenades puissent avoir été énoncées par la même proposition ; vraisemblablement, cette proposition énoncée par Sphaïros est : « ce sont des grenades » ou : « je vois des grenades ». Si tel n'était pas le cas, l'échappatoire de Sphaïros serait beaucoup plus improbable. Car il faut qu'il ait pu dire à Ptolémée : « ce sont des grenades » ou : « je vois des grenades », et exprimer une proposition fausse sans que ce soit à une représentation fausse qu'il a donné son assentiment[1]. Cela doit signifier que donner

1. Comme le dit Diogène Laërce, la répartie de Sphaïros est « habile » : Sphaïros répond à l'exclamation de Ptolémée, qui s'écrie que Sphaïros a donné son assentiment à une représentation fausse, et il distingue la représentation fausse du probable. Il n'en reste pas moins qu'en donnant cet assentiment au probable, Sphaïros semble bien avoir eu une opinion, selon un strict point de vue stoïcien (*SVF* III 548), puisqu'il semble bien admettre lui-même que la représentation compréhensive diffère du probable. Mais Sphaïros pouvait encore se tirer d'affaire en faisant remarquer que c'est à la représentation même de la probabilité qu'il avait

son assentiment à une représentation probable n'est pas nécessairement donner son assentiment à une représentation vraie ou fausse, mais aussi bien à une représentation vraie et fausse : or précisément, certaines représentations sont à la fois vraies et fausses, alors que ce n'est pas le cas des propositions, qui sont nécessairement vraies ou fausses (D. L. VII 65). La représentation que Sphaïros a des grenades en cire est à la fois vraie et fausse, car les grenades en cire existent réellement mais ne sont pas de vraies grenades. L'argument de Sphaïros consiste à dire que c'est à cette représentation probable qu'il a donné son assentiment, et que donner son assentiment à une représentation probable n'est pas nécessairement la même chose que donner son assentiment au faux. Si l'on considérait que c'est à une

donné son assentiment et non à une représentation probable. D'un autre côté, les stoïciens semblent bien admettre aussi que, parfois, on doit donner son assentiment au probable, puisqu'ils admettent la nécessité d'agir avec probabilité (Sénèque, *Des bienfaits* IV 33, 2-3) et, dès Zénon, introduisent la notion d'*eulogon* dans leur définition du devoir (*cf.* Diogène Laërce VII 107-108) ; enfin, Chrysippe fait usage d'arguments probables : voir notamment la citation de Chrysippe par Galien, *PHP* II 5, 15-20, p. 130, 24-132, 2 (*SVF* II 894) cité plus haut, p. 33-34, et les analyses de T. Tieleman, *Galen and Chrysippus on the Soul*, Leyde-Boston, Brill, 1996, p. 255-287 sur l'importance de ces arguments chez Chrysippe.

A.M. Ioppolo, *Opinione e scienza*, *op. cit.*, p. 84 pense que, par sa réplique, Sphaïros admet qu'il n'est pas un sage, tout en évitant la trop grande faute qu'il y aurait eu à donner son assentiment au faux : autrement dit, Sphaïros défend le dogme stoïcien et limite les dégâts en ce qui le concerne. Elle attire l'attention sur la version rapportée par Athénée (*SVF* I 624), presque identique mot pour mot, si ce n'est qu'elle remplace les grenades par des oiseaux, et ajoute au texte de Diogène que « la représentation compréhensive est infaillible, mais que le probable entraîne des conséquences diverses ». A.M. Ioppolo fait ensuite remarquer que l'argument a vraisemblablement une valeur polémique : les académiciens reconnaissaient le probable comme critère d'action, si bien que la réplique peut avoir pour fonction de montrer que le probable n'est pas un critère acceptable (p. 192).

proposition que l'on donne son assentiment, cette nuance ne serait plus possible.

S'il en est ainsi, pourquoi Stobée attribue-t-il aux stoïciens l'idée que nous donnons notre assentiment aux propositions ? Le plus simple serait de considérer ce témoignage comme déformé et dépourvu de fiabilité et de le rejeter purement et simplement. Mais il est de meilleure méthode d'essayer de comprendre dans quelle mesure il pourrait être authentique et compatible avec les autres témoignages, et quel sens il aurait en ce cas.

Qu'est-ce qu'une proposition ? C'est ce qui est signifié quand nous parlons pour déclarer quelque chose de vrai ou de faux (D. L. VII, 66). Dans l'expression d'une proposition, il n'y a rien de plus que la description d'un état de choses. Une proposition est donc un type particulier d'« exprimable », qui diffère d'autres types comme l'ordre, par l'expression duquel nous faisons savoir ce que nous voulons que l'on fasse, ou la question, par l'expression de laquelle nous faisons connaître ce que nous demandons. Un exprimable est à la fois ce qui est signifié par ce que nous disons et ce qui est susceptible d'être exprimé de toute représentation [1]. Ce que nous exprimons, et qui est exprimable, c'est la façon dont nous nous représentons les choses, le rapport que nous entretenons avec ces choses, et qui fait en quelque sorte partie de cette représentation. De ce point de vue, on peut dire indifféremment que l'assentiment va à la proposition ou à la représentation. Car on ne donne son assentiment à des représentations telles qu'il est possible d'en faire une assertion vraie ou fausse [2], autrement dit des représentations qui sont ou

1. Sextus, *AM* VIII 11-12 (*SVF* II 166, LS 33 B).
2. Sextus, *AM* VII 244 (*SVF* II 65, LS 39 G).

pourraient être exprimées sous une forme propositionnelle. Si l'on veut décrire la matérialité d'un processus physiologique, on dira que c'est à la représentation que l'on donne son assentiment. Si l'on veut indiquer la nature de la réalité exprimable à laquelle on adhère, et le contenu d'une telle représentation, on dira que c'est à une proposition que l'on donne son assentiment. Il n'y a d'assentiment à donner qu'à des représentations qui ont une structure propositionnelle. Si la représentation peut s'exprimer sous la forme d'un ordre ou d'une question, on ne lui donne pas d'assentiment : l'assentiment consiste à adhérer à une représentation et à juger qu'elle est vraie, et on ne peut adhérer ni à une question ni à un ordre. On pose une question ou on y répond ; on n'y donne pas son adhésion. On donne un ordre ou on l'exécute ; on n'y donne pas son assentiment. En revanche, on donne ou on refuse son adhésion à la représentation dont une phrase affirmative ou négative exprime la proposition sous-jacente.

L'ASSENTIMENT ET LA REPRÉSENTATION COMPRÉHENSIVE OU PERCEPTIVE

Zénon définit la représentation compréhensive[1] de la façon suivante :

> Une représentation compréhensive est celle qui vient de ce qui existe, qui est imprimée et scellée en conformité avec ce qui existe, et telle qu'elle ne pourrait provenir de ce qui n'existe pas (Sextus, *AM* VII 248 = *SVF* II 65, LS 40 E).

1. Pour un exposé plus détaillé sur la représentation compréhensive, voir mon article « Les polémiques sur la perception entre stoïciens et académiciens », *Philosophie Antique*, 12 (2012), p. 43-88.

À cause de la façon dont se présente cette définition et des exemples qui l'illustrent généralement, on est tenté de comprendre qu'une représentation compréhensive est nécessairement une représentation sensorielle. Il n'en est rien, car il est clair qu'il y a « compréhension » lorsque l'on donne son assentiment à une représentation compréhensive [1] et qu'une grande part des compréhensions adhèrent à des représentations non sensorielles qui résultent par transfert d'un raisonnement (D. L. VII 52).

« Le premier point, écrit Sextus en commentant la définition de Zénon, est donc que [la représentation compréhensive] vient de ce qui existe » [2]. Il explique cette caractéristique en l'opposant à l'hallucination des fous, par exemple.

La deuxième partie de la définition contient l'idée que la représentation compréhensive « est imprimée et scellée en conformité avec ce qui existe », ce que Sextus interprète en disant qu'« il y a en effet [des représentations] qui, bien qu'elles proviennent de ce qui existe, ne ressemblent pas à ce qui existe » (*AM* VII 249). Cette deuxième partie de la définition fait donc apparaître qu'une représentation compréhensive ne vient pas seulement d'un objet réel mais lui est aussi conforme : non seulement c'est une représentation, mais en plus elle est vraie. En outre, il faut que la représentation soit claire et distincte, de sorte que « toutes les propriétés des représentés sont reproduites de façon travaillée », comme le travail de précision des graveurs : « de même que les graveurs cisèlent toutes les parties de ce dont ils font la finition, et de même que les

1. Sextus, *AM* VII 151 (*SVF* II 90, LS 41 C) ; VIII 397 (*SVF* II 91) ; XI 182 (*SVF* II 97) ; *HP* III 242. Voir ci-dessus, p. 84.

2. Sextus, *AM* VII 249 (*SVF* II 65, LS 40 E).

sceaux portés aux anneaux impriment toujours tous leurs caractères dans la cire, de même ceux qui comprennent les objets doivent parvenir à en saisir toutes les propriétés » (*AM* VII 251). Aussi, inversement, la représentation non compréhensive est-elle « celle qui est fausse et, parmi les vraies, celle qui est obscure »[1].

Quant au troisième élément de la définition, selon lequel la représentation compréhensive est « telle qu'elle ne pourrait provenir de ce qui n'existe pas », Sextus indique que les stoïciens ont dû l'ajouter pour contrer les académiciens, selon lesquels « il est possible de trouver une représentation fausse exactement identique à la représentation compréhensive » (*AM* VII 252). Selon Cicéron, *Ac.* II 77, cette addition dans la définition remonterait à Zénon lui-même, qui aurait dû la formuler pour répondre à l'objection d'Arcésilas selon laquelle il n'y aurait pas de représentation compréhensive puisque la représentation vraie de ce qui existe serait souvent identique à la représentation de ce qui n'existe pas. L'argumentation sceptique d'Arcésilas et de ses successeurs est en effet tirée pour une part du rêve, de la folie et du délire éthylique. Dans ces cas-là, disent les académiciens, nos hallucinations se présentent à nous avec la même force que les représentations compréhensives et elles ne peuvent être distinguées de celles-ci. L'autre argument sceptique des académiciens est tiré des cas d'indiscernabilité entre des objets réels : si deux œufs ou deux jumeaux sont exactement semblables, le sage à qui on montrera ensuite un seul des deux œufs sera incapable de dire lequel des deux on lui montre.

1. Alexandre d'Aphrodise, *De anima*, p. 71, 12-13 (*SVF* II 70).

Les stoïciens réfutèrent l'objection des indiscernables en soutenant qu'il n'y a pas dans toute la réalité deux êtres identiques. Ils démontrèrent qu'il était toujours possible de distinguer deux jumeaux, puisqu'une mère en était capable et ils avaient même trouvé des éleveurs de poules capables, « en examinant un œuf, de dire quelle poule l'avait pondu » (*Ac.* II 57). Les stoïciens ne nièrent donc pas que, pour la plupart des gens, deux êtres semblables paraissaient identiques, mais ils argumentèrent qu'avec de l'expérience, il était toujours possible de les discerner. Et ils en trouvaient la confirmation la plus probante dans l'habileté des artistes à distinguer des nuances imperceptibles aux néophytes : les peintres, les musiciens ont des sens beaucoup plus exercés que l'homme ordinaire (*Ac.* II 20).

À l'égard des hallucinations des rêveurs, des fous et des ivrognes, Chrysippe répondit que les représentations de la veille sont beaucoup plus claires et certaines que les hallucinations des dormeurs (*Ac.* II 52). Et aux académiciens qui objectèrent que, néanmoins, le dormeur ajoute la même foi aux hallucinations des rêves qu'aux représentations de la veille (II 88), les stoïciens répondirent qu'au réveil le dormeur se rend bien compte qu'il vient de rêver et discerne donc sans difficulté son hallucination nocturne de sa représentation diurne (II 51). De même pour qui revient d'une crise éthylique ou d'un accès de folie (II 52).

Si l'on reconnaît l'existence de telles représentations compréhensives, doit-on considérer que l'assentiment qu'on leur donne est nécessaire et inévitable ? C'est là une question dont la réponse peut paraître ambiguë. À bien des égards, en effet, les stoïciens insistaient sur le caractère volontaire de l'assentiment : Zénon veut que l'assentiment « soit ancré en nous et volontaire »[1]. En même temps,

1. Cicéron, *Ac.* I 41 (*SVF* I 61, LS 40 B).

l'assentiment de l'âme aux représentations compréhensives est réputé avoir quelque chose d'irrésistible : « de même qu'il est nécessaire que le plateau d'une balance s'abaisse, quand on y pose des poids, de même l'âme doit céder à l'évidence »[1]. La représentation compréhensive « nous saisit presque par les cheveux, disent-ils, et nous entraîne à l'assentiment »[2]. À tout bien considérer, il n'y a en fait rien de contradictoire : au lieu de se référer à une hypothétique volonté de ne pas adhérer au vrai, le caractère volontaire de l'assentiment peut très bien se référer à la capacité de l'âme à refuser son assentiment à ces représentations non compréhensives qui pourtant sont suffisamment persuasives pour nous incliner à l'assentiment[3].

Il n'en reste pas moins que des stoïciens « plus récents » que Zénon (sans doute Chrysippe et ses successeurs) ont voulu contester même la puissance de coercition de la représentation compréhensive. Pour que nous ne lui refusions pas notre assentiment, il faut en effet « qu'elle ne rencontre pas d'obstacle »[4]. Ils prenaient comme exemple Ménélas, qui revient de dix ans de guerre à Troie. La guerre a été déclenchée parce que Pâris, l'un des princes troyens, a enlevé Hélène, la femme de Ménélas. Après la victoire des Grecs sur Troie, Ménélas croit ramener Hélène chez lui mais ignore qu'en réalité elle n'a jamais été enlevée par Pâris : grâce à une intervention divine, Pâris n'a enlevé qu'un fantôme qui ressemble à Hélène. Celle-ci est depuis dix ans en Égypte, à la cour du roi Protée. Lorsque Ménélas rencontre la véritable Hélène chez Protée, il n'en croit pas

1. Cicéron, *Ac.* II 38 (LS 40 O).
2. Sextus, *AM* VII 257 (LS 40 K).
3. Sextus, *AM* VII 242 (*SVF* II 65, LS 39 G).
4. Sextus, *AM* VII 254 (LS 40 K).

ses yeux[1]. Autrement dit, il ne donne pas son assentiment à la représentation compréhensive qu'il a d'Hélène. « Ménélas voyait qu'il avait laissé Hélène sous bonne garde à bord de son vaisseau et qu'il n'était pas croyable que celle qu'il venait de découvrir à Pharos ne fût pas Hélène mais quelque hallucination démonique » (Sextus, *AM* VII 256). Un tel exemple renforce évidemment la thèse de Zénon sur la liberté de l'assentiment. Si lourd que soit le poids de la représentation vraie, il est toujours possible de jeter dans la balance la force conjuguée de représentations fausses mais crédibles, et de croyances fermement ancrées pour refuser son assentiment.

OPINION, CONVICTION, JUGEMENT, COMPRÉHENSION, SCIENCE

Pour les stoïciens, toute opinion, mais aussi tout jugement et la science même sont des formes de l'assentiment ou s'y rattachent.

D'après Diogène Laërce, VII 121, opiner, c'est adhérer au faux. Sextus rapporte que l'opinion est un assentiment « faible et faux »[2]. Comme il nous rapporte qu'Arcésilas avait critiqué cette définition, elle doit remonter à Zénon. Selon Stobée enfin, il y a deux formes d'opinions : l'assentiment à ce qui n'a pas été compris, et la conviction faible[3]. Tout se passe donc comme si Zénon ou ses successeurs avaient établi une distinction entre un

1. L'exemple provient une fois de plus d'une pièce d'Euripide, *Hélène*. La scène de la rencontre est aux vers 541 à 595. Ménélas n'est convaincu qu'aux vers 605 à 624, sur l'intervention d'un messager qui lui explique ce qui s'est passé.

2. Sextus, *AM* VII 151 (*SVF* I 67, LS 41 C).

3. *Hupolêpsis asthenês* : Stobée, *Eclog.* II 7, p. 112, 3-4 (*SVF* III 548, LS 41 G).

assentiment faux et assentiment faible, qui sont deux formes différentes d'opinion, même si elles peuvent sans doute se recouper.

Si l'on considère ces témoignages comme complémentaires, on retrouve les distinctions de l'anecdote de Sphaïros et des grenades en cire. Celle-ci mettait en œuvre une distinction entre l'assentiment à une représentation compréhensive et l'assentiment au probable, ainsi qu'une distinction entre l'assentiment au probable et l'assentiment au faux. Elle faisait apparaître avec évidence qu'il faut distinguer l'assentiment au faux de ce qui n'a pas été compris et que nous pouvons avoir là deux formes différentes d'assentiment : ce qui n'a pas été compris n'est pas nécessairement faux et on peut donner son assentiment à ce qui n'est pas clair sans pour autant se tromper : comme le rapporte Athénée dans sa version de l'anecdote de Sphaïros, l'assentiment au probable a des conséquences diverses [1].

À première vue, on comprend moins la distinction entre l'assentiment à ce qui n'a pas été compris et la conviction faible. Il est possible que cette distinction ait été introduite à la suite de la critique par Arcésilas de la position de Zénon [2]. Le sens qu'elle a pris une fois intégrée dans le stoïcisme paraîtra plus clair si l'on remarque que l'ignorance est qualifiée par les stoïciens d'« assentiment changeant et faible » [3] et de « conviction » [4]. Or, dit Galien, « on parle d'assentiment faible quand nous ne sommes pas encore persuadés de la vérité d'une opinion quelconque, comme le fait que l'on a cinq doigts à chaque main, ou que deux

1. Athénée, *Deipnosophistes* VIII 354 E (LS 40 E, *SVF* I 624).
2. *Cf.* A.M. Ioppolo, *Opinione e scienza*, *op. cit.*, p. 27.
3. Stobée, *Eclog.* II 7, p. 111, 21 (*SVF* III 548, LS 41 G).
4. Sextus, *AM* VII 432 (*SVF* III 657).

et deux font quatre »[1]. Quelqu'un qui n'est pas bon mathématicien peut évidemment assentir à la même proposition qu'un mathématicien expérimenté, mais puisqu'il n'en a pas une représentation claire et distincte, son assentiment ne constituera pas une compréhension[2]. De ce point de vue, ce qui fait la différence entre le géomètre et l'ignorant n'est pas la proposition à laquelle ils donnent leur assentiment, mais la façon dont ils se représentent cette proposition : l'ignorant se représente confusément cette proposition, tandis que le géomètre, lui, en a une représentation claire et distincte parce qu'il possède une démonstration scientifique de tous les théorèmes des *Éléments* d'Euclide. « S'il n'en avait qu'une compréhension courte et mal assurée, on admettrait que c'est une faute, dans la mesure où cet homme est censé être un géomètre ». La conviction faible est donc un grand danger, conclut Galien, aussi bien dans les vérités mathématiques qu'en ce qui concerne la connaissance des biens et des maux. Dans les deux cas, il apparaît que l'*hupolêpsis* ne désigne pas l'assentiment donné à une représentation sensorielle. C'est bien ce que confirme la définition stoïcienne des passions, selon laquelle l'opinion pervertie qui préside aux passions est une « conviction sur le bien et le mal »[3], conviction qui est une « conviction faible »[4].

1. Galien, *De animi peccatis dignoscendis*, p. 58 (*SVF* III 172). Pour une traduction et une analyse de ce passage de Galien, voir désormais l'annexe que lui a consacrée M.-O. Goulet-Cazé dans son article, « À propos de l'assentiment stoïcien », dans M.-O. Goulet-Cazé (éd.), *Études sur la théorie stoïcienne de l'action*, Paris, Vrin, 2011, p. 219-236. Galien ne nomme pas les stoïciens, mais il s'inspire incontestablement la doctrine stoïcienne dans ce passage.

2. *Cf.* M. Frede, « The Stoic doctrine of the affections of the soul », art. cit., p. 104.

3. Aspasius, *In Arist. Eth. Nic.*, p. 45, 18 (*SVF* III 386).

4. Stobée, *Eclog.* II 7, p. 89, 2 (*SVF* III 318).

La différence entre l'assentiment à ce qui n'a pas été compris et la conviction faible apparaît donc comme ce qui distingue une réaction de l'âme à une représentation sensorielle circonstanciée d'une conviction peu ferme qui porte sur des représentations non sensorielles, comme les notions mathématiques et morales. Il ne semble pas toutefois qu'il s'agisse nécessairement d'une conviction de portée générale. C'est ce que pourrait laisser croire par exemple le *Manuel* d'Épictète, lorsqu'il dit : « la mort n'a rien de redoutable… mais c'est le jugement que nous portons sur la mort, à savoir qu'elle est redoutable, qui est redoutable dans la mort » (§ 5). Mais il est clair que chez Marc Aurèle, le terme désigne aussi des jugements circonstanciés, comme : « Cet accident est un mal » (*Pensées*, VII 14) ou : « On m'a fait du tort » (IV 7). Ainsi qu'a pu l'établir Pierre Hadot, le terme a donc chez lui le sens de : « jugement de valeur »[1]. Aussi tout l'effort de la discipline de l'assentiment chez Marc Aurèle consiste-t-il à se déprendre de ces jugements de valeur pour ne plus donner son assentiment qu'à des représentations compréhensives, qui ont, elles, un caractère objectif et purement descriptif. Il ne cesse d'insister sur le fait que la discipline de l'assentiment consiste précisément à rejeter ces jugements de valeur, qui sont la cause du trouble qui s'empare de nos âmes : « Si c'est à cause d'une des choses extérieures que tu t'affliges, ce n'est pas elle qui te trouble, mais c'est ton jugement au sujet de cette chose » (VIII 47). Pour Marc Aurèle, l'*hupolêpsis* peut donc faire entrer en ligne de compte une représentation sensorielle descriptive de la réalité présente, mais l'*hupolêpsis* ne désigne pas l'assentiment donné à cette représentation sensorielle descriptive, mais à la représentation sur le bien et le mal qui l'accompagne.

1. P. Hadot, *La citadelle intérieure*, *op. cit.*, p. 128.

Autre forme d'assentiment, la compréhension ou perception est, comme on l'a déjà vu, la forme d'assentiment, distincte de l'opinion, qui porte sur une représentation compréhensive[1]. Elle est intermédiaire entre l'opinion et la science (*ibid.* ; *cf.* Cicéron, *Ac. Post.* I 42). C'est un état de l'âme (*SVF* II 121), où l'âme saisit plus fermement une représentation au lieu de l'effleurer. C'est ce que Zénon illustrait en montrant sa main dans différentes positions. La main ouverte, touchant les choses, c'est la représentation. Les doigts contractés, c'est l'assentiment simple. Le poing refermé, c'est la compréhension[2]. Le souvenir est une forme de compréhension[3], que l'on peut aussi appeler une « réserve » de représentations[4].

À ces divers états de l'âme, Zénon ajoute la science[5]. Elle est comme la main gauche qui s'applique sur le poing droit refermé. Les choses sont tenues fermement. « De même que le poing est une certaine façon d'être de la main », la science est une certaine façon d'être de l'hégémonique[6]. C'est l'état de l'âme de l'homme sage. En un sens, la science n'est qu'une « compréhension sûre et ferme, qu'aucun raisonnement ne peut renverser »[7]. Mais c'est bien plutôt un ensemble organisé de

1. Sextus, *AM* VII 151 (*SVF* II 90, LS 41 C) ; VIII 397 (*SVF* II 91) ; XI 182 (*SVF* II 97) ; *HP* III 242. Voir ci-dessus, p. 84, 92.

2. Cicéron, *Ac.* II 145 (*SVF* I 66, LS 41 A).

3. *Cf.* chapitre précédent, p. 70.

4. Sextus, *AM* VII 373 (*SVF* II 56).

5. Pour un exposé détaillé, voir mon article « Les définitions de l'*epistêmê* et de la *technê* dans l'ancien stoïcisme », dans J. Jouanna, M. Fartzoff, B. Bakhouche (éd.) *L'homme et la science*, Paris, Les Belles Lettres, 2011, p. 243-256.

6. Sextus, *AM* VII 39 (*SVF* II 132).

7. Sextus, *AM* VII 151 (*SVF* II 90, LS 41 C).

compréhensions de ce genre[1]. C'est parce que le sage tient ainsi fermement un ensemble organisé de compréhensions qu'il est infaillible en toutes choses. Chrysippe disait d'un tel idéal du sage qu'il était extrêmement difficile à réaliser, mais que ce n'était pas impossible[2].

1. Stobée, *Eclog.* II 7, p. 73, 21-22 (*SVF* III 112).
2. Papyrus Herc. 1020, In = Ox La (*SVF* II 131).

L'IMPULSION

QU'EST-CE QUE L'IMPULSION ?

L'« impulsion » (*hormê*) est l'une des fonctions de la partie hégémonique de l'âme commune aux animaux et aux hommes, comme la représentation. D'après Stobée, « toutes les impulsions sont des assentiments, mais les impulsions pratiques comportent aussi un élément moteur. En outre, les assentiments vont à certaines choses, les impulsions à autre chose. Les assentiments vont à certaines propositions, les impulsions à des prédicats, qui sont contenus d'une certaine manière dans les propositions auxquelles vont les assentiments » [1]. Selon une citation du traité de Chrysippe *Sur la loi* rapportée par Plutarque, « l'impulsion est la raison de l'homme lui donnant l'ordre d'agir » [2]. D'après le témoignage de Philon, l'impulsion serait un « premier mouvement de l'âme » qui est constitué par la façon favorable ou hostile dont l'âme est disposée à l'égard de ce qui lui est apparu et qu'elle s'est représenté [3]. Selon un autre passage de Stobée, il s'agirait d'un « mouvement de l'âme à l'égard de l'une des choses qui relèvent de l'action » [4]. Enfin, une définition plus large caractérise l'impulsion comme un « mouvement de la

1. Stobée, *Eclog.* II 7, p. 88, 1-6 (*SVF* III 171, LS 33 I).
2. Plutarque, *Contr. Stoic.* 11, 1037 F (*SVF* III 175, LS 53 R).
3. Philon, *De l'immutabilité de Dieu*, 41 (*SVF* II 458).
4. Stobée, *Eclog.* II 7, p. 87, 4-5 (*SVF* III 169, LS 53 Q).

pensée vers quelque chose ou s'éloignant de quelque chose »[1]. Il est manifeste que cette définition inclut les deux espèces de l'impulsion, c'est-à-dire l'impulsion au sens étroit comme mouvement vers quelque chose aussi bien que ce que d'autres textes appellent la « répulsion » (*aphormê*), et qui est le mouvement contraire[2]. Plutarque définit la répulsion comme « la raison qui interdit ».

Pour tâcher d'y voir un peu plus clair, demandons-nous d'abord ce que signifie l'idée que les impulsions sont des mouvements de l'âme. Elle n'a manifestement rien de métaphorique : l'âme étant corporelle, les impulsions le sont aussi[3] et ce sont donc réellement des mouvements du souffle psychique. Or, les mouvements du corps sont conçus par les stoïciens comme des mouvements du souffle psychique dans les organes correspondants. C'est ainsi que la marche est définie par Chrysippe comme l'hégémonique diffusé jusque dans les pieds[4]. Il semble donc qu'il faudrait très concrètement comprendre qu'une impulsion est un mouvement de la partie hégémonique de l'âme qui, par exemple, se transmet à la partie du souffle psychique qui se trouve dans les pieds et les jambes et les fait bouger. Dans ce cas, les impulsions seraient des mouvements de l'âme qui dirigent les mouvements du corps. Pour voir si c'est bien de ce qui est en cause, examinons de plus près ce qui se passe lorsque nous marchons d'après les stoïciens.

> Aucun animal rationnel n'agit s'il n'a d'abord été stimulé par la représentation de quelque chose, s'il n'a eu ensuite

1. Clément d'Alexandrie, *Stromates* II 13, p. 460 (*SVF* III 377).
2. Stobée, *Eclog.* II 7, p. 87, 5-6 (*SVF* III 169, LS 53 Q).
3. Plutarque, *Not. Comm.* 45, 1084 A (*SVF* II 848).
4. Sénèque, *Lettres*, 113, 23 (*SVF* II 836, LS 53 L).

> une impulsion, et si l'assentiment n'a ensuite confirmé cette impulsion. Disons ce qu'est un assentiment. Il serait bon de marcher : je ne marcherai que si je me le suis dit et si j'ai donné mon assentiment à cette opinion (Sénèque, *Lettres*, 113, 18 = *SVF* III 169).

Dans cette description, l'impulsion (*impetus* dans le latin de Sénèque) semble plutôt correspondre à la définition donnée par Philon, pour qui l'impulsion serait le « premier mouvement de l'âme », la façon favorable ou hostile dont l'âme est disposée à l'égard de ce qui lui est apparu et qu'elle s'est représenté. J'aurais d'abord la « représentation impulsive de ce qui convient ici et maintenant » [1], par exemple, comme le dit Sénèque, la représentation qu'il convient que je marche (*oportet me ambulare* [2]) : cette représentation susciterait une impulsion, puis j'adhérerais

1. Stobée, *Eclog.* II, 7, p. 86, 17-18 (*SVF* III 169, LS 53 Q) : φαντασίαν ὁρμητικὴν τοῦ καθήκοντος αὐτόθεν. On suit ici la traduction de B. Inwood, *Ethics and Human Action, op. cit.*, p. 224, plutôt que celle de Long et Sedley. La traduction de Long et Sedley ne me paraît guère cohérente, car elle revient à attribuer à la représentation à la fois la capacité à mouvoir l'impulsion (κινοῦν τὴν ὁρμὴν) et celle d'« impulser le convenable » (ὁρμητικὴν τοῦ καθήκοντος), ce qui est assez redondant. La traduction d'Inwood suppose que la représentation est une représentation impulsive qui se représente le convenable et meut l'impulsion. Quel que soit le terme sur lequel porte αὐτόθεν, le sens ne change guère : c'est parce que la représentation impulsive est celle de quelque chose qui convient concrètement et immédiatement qu'elle a la capacité de conduire à l'exécution immédiate de ce devoir.

2. *Oportet* dans le texte de Sénèque paraît assez clairement être une traduction du grec *kathêkei.* La formule est à rapprocher de celle que l'on trouve chez Diogène Laërce, VII 109 (*SVF* III 495-496) : « Il convient (*kathekein*) toujours de mener une vie vertueuse, il ne convient (*kathekein*) pas toujours d'interroger, de répondre, de marcher (*peripatein*), etc. ». Marcher ici apparaît clairement comme ce qui convient dans certaines circonstances, et dont la représentation sera donc celle de quelque chose qui convient « ici et maintenant » (αὐτόθεν).

à cette représentation et finalement je marcherais. Il semblerait alors qu'il suffise que nous acceptions la représentation impulsive qui précède l'impulsion pour que nous marchions. Or, il manque dans cette description l'influx psychique qui mettrait nos jambes en mouvement, et, dans ce cas, nous ne devrions avoir qu'un assentiment théorique sans effet pratique, ou bien la description physiologique serait incomplète. À première vue, l'analyse de Sénèque ne semble pas non plus très cohérente avec les autres descriptions stoïciennes du processus qui aboutit à l'action. En effet, selon Chrysippe, « on n'agit pas et on n'a pas d'impulsion sans assentiment préalable ; c'est énoncer au contraire une fiction et une hypothèse vide que de prétendre qu'il suffit que se soit produite la représentation appropriée pour avoir aussitôt une impulsion sans avoir préalablement cédé ni donné son assentiment » [1]. Chrysippe place donc plutôt l'impulsion après l'assentiment qu'avant, et on voit alors beaucoup plus aisément comment le mouvement de l'âme qu'est l'impulsion pourrait être la cause directe du mouvement du corps qui s'ensuit et être comparable à un ordre donné au corps. Ceci ne signifie pas que la forme d'impulsion qu'est le premier mouvement de l'âme n'existe pas, mais bien plutôt que ce premier mouvement ne serait pas susceptible de produire un effet tant qu'il n'a pas été autorisé à le faire par l'assentiment donné à la représentation impulsive qui l'a suscitée.

Si nous voulons une image cohérente de la fonction de l'impulsion, nous devons donc comprendre que, dans la description de Sénèque, la première impulsion, celle qui accompagne immédiatement la représentation, n'est pas celle qui me fait agir : Sénèque dit très clairement que c'est

1. Plutarque, *Contr. Stoic.* 47, 1057 A (*SVF* III 177, LS 53 S).

lorsque j'ai donné mon assentiment que je marche, et, de ce point de vue, la forme de l'impulsion décrite par Sénèque précède celle décrite par Chrysippe qui est bien celle d'une impulsion accompagnée d'action. Un stimulus quelconque, le dessèchement de ma gorge par exemple, ou la vue d'une boisson, me représente qu'il conviendrait de boire. Cette représentation est accompagnée d'un premier mouvement spontané, que l'on peut appeler la soif, et qui est une première forme d'impulsion, non pratique. Je donne mon assentiment à la représentation qu'il convient que je boive. C'est seulement alors que je vais avoir un véritable désir de boire : l'assentiment laisse libre cours à l'impulsion, qui aura dès lors pour conséquence les mouvements les corps qui me permettront de réaliser ce désir.

Doit-on supposer alors qu'« une marque distinctive importante d'une représentation impulsive est qu'elle est accompagnée par un impératif aussi bien que par une proposition », de sorte que l'on pourrait concevoir l'impulsion, « en termes grammaticaux sur le modèle d'un ordre que l'on se donne à soi-même et auquel on obéit », comme le soutient B. Inwood[1] ? La description de l'impulsion par Chrysippe comme un ordre de la raison paraît en effet autoriser une telle conception de l'impulsion. En revanche, l'idée d'un impératif présent dans la représentation impulsive elle-même semble plutôt inspirée par les conceptions de la philosophie analytique anglo-saxonne et les « impératifs » de la morale kantienne. L'idée que l'on se représente à soi-même un impératif nous est familière et assez spontanée en raison de la notion biblique des commandements divins. Mais la façon dont les stoïciens

1. B. Inwood, *Ethics and Human Action in Early Stoicism*, *op. cit.*, p. 61-62.

conçoivent la représentation impulsive paraît avoir été en fait assez différente. Nous avons vu en effet que, d'après Stobée, nos impulsions portent sur des « prédicats, qui sont contenus d'une certaine manière dans les propositions auxquelles vont les assentiments »[1]. Les stoïciens appellent prédicat ce qui est exprimé par un groupe verbal, et qui à ce titre ne constitue pas un exprimable complet comme une proposition, un ordre ou une question : c'est ce que l'on dit de quelque chose[2]. C'est par exemple ce qui est signifié par le verbe « marche » quand je dis : « Caton marche » (*cf.* Sénèque, *Lettres*, 117, 13). Dans la physique stoïcienne, les prédicats sont ce dont les corps sont causes : le couteau par exemple est cause de ce que la chair est coupée, ce qui est un prédicat[3]. Deux au moins de nos sources expliquent bien en quel sens la plupart de nos désirs et de nos impulsions ne portent pas à proprement parler sur des choses, mais bien plutôt sur des prédicats, ce qui signifie que nous désirons accomplir des actes ou obtenir un certain état et non des choses. Nous ne désirons pas une boisson, un héritage, une connaissance, la citoyenneté, l'argent ou les honneurs, nous désirons boire une boisson, hériter, connaître, jouir de nos droits de

1. Stobée, *Eclog.* II 7, p. 88, 4-6 (*SVF* III 171, LS 33 I).

2. D. L. VII 64 (*SVF* II 183, LS 33 G) ; voir en contexte éthique Cicéron, *Tusculanes*, IV 21 (*SVF* III 398) : « le désir porte sur ces choses qui sont dites de quelqu'un ou de plusieurs, et que les dialecticiens appellent des *katêgorêmata* (prédicats), par exemple "avoir des richesses", "obtenir des honneurs" ».

3. Sextus, *AM* IX 211 (*SVF* II 341, LS 55 B). Sur cette doctrine, je renvoie à mon article « "Les causes sont causes de prédicats" : sur un aspect de la théorie stoïcienne de la cause », dans C. Natali et C. Viano (éd.), *Aitia* II, *avec ou sans Aristote, le débat sur les causes à l'âge hellénistique et impérial*, Louvain-la-Neuve, Peeters, 2014, p. 65-93

citoyens [1], avoir des richesses ou obtenir des honneurs [2]. Ensuite, la façon dont Stobée exprime la distinction entre l'objet de l'assentiment et celui de l'impulsion ne fait d'abord qu'épouser la structure de la langue. Si je me représente qu'il conviendrait de marcher, lorsque je donne mon assentiment à cette représentation, on peut décrire cet assentiment en disant que je juge *qu'il convient de marcher*. Mais si j'analyse cette phrase, il est évident que l'*objet* de mon jugement ou de mon assentiment (objet qui est, grammaticalement, ce que nous appelons le complément d'objet du verbe « juger ») est une proposition. Si on veut décrire l'impulsion que cette représentation impulsive suscite, on dira que je désire *marcher*. Donc l'*objet* de mon désir ou de mon impulsion n'est pas une proposition : c'est seulement l'action ou le prédicat exprimé par le verbe « marcher ». On pourra donc dire ainsi que mon impulsion porte sur le prédicat exprimé par le verbe « marcher » et qu'en ce sens le prédicat exprimé par « marcher » (*ambulare*) et sur lequel porte mon impulsion est « contenu d'une certaine manière » dans la proposition exprimée par la phrase « il convient de marcher » (*oportet me ambulare*), proposition sur laquelle porte mon assentiment. Et si on peut dire seulement que le prédicat est « contenu d'une certaine manière », c'est parce que dans la phrase « *oportet me ambulare* », « *ambulare* » n'occupe pas exactement la

1. Clément d'Alexandrie, *Stromates* VII 7 (*SVF* III 176).

2. Cicéron précise justement que ce qui distingue la *libido* de l'*indigentia*, cette *libido inexplebilis*, c'est que la première porte sur des prédicats comme « avoir des richesses », « obtenir des honneurs » tandis que la seconde porte sur « les choses elles-mêmes, comme les honneurs et l'argent » (*Tusculanes*, IV 21 = *SVF* III 398). Il ne faut donc pas prendre pour argent comptant l'affirmation de Stobée selon laquelle nos impulsions portent sur des prédicats : c'est le cas la plupart du temps, mais ce n'est pas toujours le cas.

position de prédicat qui est normalement celle d'un prédicat (ce serait le cas dans la phrase « Caton marche, *Cato ambulat* » où, pour les stoïciens, le prédicat signifié par « *ambulat* » ou « marche » est effectivement relié syntaxiquement à ce qui est signifié par le terme « *Cato* » ou « Caton »). L'analyse stoïcienne ne semble pas avoir impliqué davantage. Il n'y a pas d'impératif contenu dans la représentation impulsive : c'est seulement l'impulsion elle-même qui fonctionne comme un ordre.

L'Impulsion rationnelle et ses formes

Bien que tous les animaux aient des représentations, les animaux rationnels ont une forme particulière de représentation, la représentation rationnelle. De même, les animaux rationnels ont une forme particulière d'impulsion, l'impulsion rationnelle. Elle n'a pas de nom propre mais est définie comme un mouvement de l'hégémonique vers « l'une des choses qui relèvent de l'action »[1]. Il existe deux différences entre l'impulsion des bêtes et celle des hommes : la première, c'est que l'impulsion humaine est accompagnée d'assentiment, alors que l'impulsion des bêtes est automatique ; la seconde, c'est que l'impulsion humaine prend un certain nombre de formes étrangères aux impulsions des bêtes.

La première caractéristique consiste donc dans le fait que la « nature représentative » des bêtes stimule de façon uniforme et régulière (*tetagmenôs*) l'impulsion : par exemple, « chez l'araignée, la représentation de tisser sa toile survient et l'impulsion de tisser s'ensuit », et la même

1. Stobée, *Eclog.* II 7, p. 87, 4-5 (*SVF* III 169, LS 53 Q). Voir ci-dessus, p. 104.

chose vaut pour l'abeille façonnant la cire [1]. En revanche, les animaux rationnels sont doués d'assentiment : ils peuvent accepter certaines représentations et en rejeter d'autres, de telle sorte que l'impulsion est au pouvoir de l'animal rationnel comme l'assentiment [2]. Cette incapacité à donner ou refuser son assentiment tient d'ailleurs en partie au fait que les représentations des bêtes sont trop grossières. Selon Sénèque, *De la colère*, I 3, 7, l'âme de l'animal a « la représentation et l'apparence des choses qui provoquent ses impulsions, mais vagues et confuses ». Ses représentations n'ont pas assez de précision et de netteté pour que l'animal leur donne ou leur refuse leur assentiment.

La seconde différence tient dans la grande variété de formes d'impulsions qui existent chez l'homme mais n'existent pas chez les bêtes. Les hommes connaissent en effet toute une série d'impulsions raisonnables (*eulogai*) et déraisonnables (*alogai*) qui sont inconnues des animaux. Les impulsions raisonnables sont celles qui obéissent à la raison : ce sont les trois « bons sentiments » (*eupatheiai*) et leurs diverses formes [3]. Les impulsions déraisonnables sont celles qui n'obéissent pas à la raison, c'est-à-dire les quatre passions (*pathê*) fondamentales et leurs variétés [4]. Parmi ces impulsions, certaines sont des mouvements de décontraction (*eparsis*) de l'âme devant l'objet présent d'une représentation; d'autres sont des mouvements de contraction (*sustolê*) de l'âme devant un objet présent; d'autres sont des inclinations (*orexis*) à l'égard d'un bien

1. Origène, *Des principes* III 1, 2 (*SVF* II 988, passage absent de LS 53 A).

2. Cicéron, *Fat.* 41 (*SVF* II 974, LS 62 C) ; Alexandre d'Aphrodise, *Fat.* 14, p. 183, 22-23 (*SVF* II 981).

3. D. L. VII 116 (*SVF* III 431, LS 65 F).

4. Stobée, *Eclog.* II 7, p. 88, 8-89,3 (*SVF* III 378, LS 65 A).

auquel on s'attend; d'autres enfin sont des mouvements de recul (*ekklisis*) devant un mal auquel on s'attend, et cela vaut aussi bien pour les passions [1] que pour les bonnes affections [2]. Ces mouvements sont à prendre au pied de la lettre : il s'agit très concrètement de serrements ou de pincements de cœur et de dilatations du souffle psychique, et d'autre part de flux et de reflux ondulatoires de ce même souffle psychique qui conduisent les organes moteurs à des avancées ou à des mouvements de recul. Par ailleurs, les impulsions de décontraction et d'inclination sont manifestement des impulsions au sens étroit, tandis que les impulsions de contraction et de recul sont des « répulsions » (les *aphormai* évoquées au début du chapitre). En outre, seules les impulsions d'inclination et de recul sont des impulsions « pratiques », puisque ce sont les seules qui conduisent à l'action. Une impulsion où l'âme se décontracte, comme le sentiment de plaisir, n'ordonne pas une action, mais jouit simplement de ce qu'elle ressent.

Les stoïciens pensent-ils que les bêtes n'éprouvent pas comme nous ces mouvements de décontraction, de contraction, d'inclination et de recul? Ces mouvements sont généralement qualifiés de « raisonnables » ou de « déraisonnables », si bien qu'ils sembleraient spécifiques à la rationalité, mais, à vrai dire, ce point n'est pas très clair et cela pourrait être une simple question de contexte. On ne voit guère ce qui interdirait aux stoïciens de supposer que les bêtes ressentent ces mouvements et à tout le moins doivent-elles avoir des formes d'impulsions apparentées. En revanche, il apparaît clairement que les espèces raisonnables et déraisonnables de ces formes d'impulsion, ainsi que leurs sous-espèces, sont considérées comme

1. [Andronicos], *Des passions*, 1 (*SVF* III 391).
2. D. L. VII 116 (*SVF* III 431, LS 65 F).

spécifiquement humaines. Sénèque précise que les bêtes « manquent des passions humaines » mais ont des « impulsions qui leur ressemblent » et que « les animaux ont des élans, des agitations violentes ; mais ce ne sont ni la peur, ni les soucis, ni la tristesse, ni la colère, mais des émotions qui leur ressemblent » (*De la colère*, I 3, 6 et 8).

Les stoïciens appellent « joie » (*chara*) un mouvement raisonnable de décontraction[1], et « plaisir » (*hêdonê*) un mouvement déraisonnable de décontraction[2]. Ils appellent « peine » ou « douleur » (*lupê*) un mouvement déraisonnable de contraction[3] et considèrent qu'il ne peut pas en exister de raisonnable puisque « le mal présent n'affecte pas le sage »[4]. Ils appellent « volonté » (*boulêsis*, et en latin *voluntas*) un mouvement raisonnable d'inclination[5], et « désir » (*épithumia*) un mouvement déraisonnable d'inclination[6]. Ils appellent enfin « crainte » un mouvement raisonnable de recul[7], et « peur » (*phobos*) un mouvement déraisonnable de recul[8]. Il existe un grand nombre de sous-espèces de ces différentes impulsions. Les principales sous-espèces des « bons sentiments » sont répertoriées par

1. D. L. VII 116 (*SVF* III 431, LS 65 F) ; *cf.* Alexandre d'Aphrodise, *In Topica*, p. 181, 1 (*SVF* III 434) ; Cicéron, *Tusculanes* IV 13 (*SVF* III 438).
2. [Andronicos], *Des passions* 1 (*SVF* III 391, LS 65 B) ; *cf.* Philon, *Alleg. Leg.* III 246 (*SVF* III 406) ; Cicéron, *Tusculanes* IV 13 (*SVF* III 438).
3. [Andronicos], *Des passions* 1 (*SVF* III 391, LS 65 B) ; *cf.* D. L. VII 111 (*SVF* III 412).
4. Cicéron, *Tusculanes* IV 14 (*SVF* III 438).
5. D. L. VII 116 (*SVF* III 431, LS 65 F) ; Cicéron, *Tusculanes* IV 12 (*SVF* III 438).
6. [Andronicos], *Des passions* 1 (*SVF* III 391, LS 65 B) ; Cicéron, *Tusculanes* IV 12 (*SVF* III 438).
7. D. L. VII 116 (*SVF* III 431, LS 65 F) ; *cf.* Cicéron, *Tusculanes* IV 13 (*SVF* III 438).
8. [Andronicos], *Des passions* 1 (*SVF* III 391) ; Cicéron, *Tusculanes* IV 13 (*SVF* III 438).

Diogène Laërce, VII 116, qui décrit également les principales sous-espèces des passions (VII 111-114) : on trouve d'autres listes, plus ou moins détaillées [1]. Toutes ces formes sont considérées comme spécifiques aux animaux rationnels. On peut représenter leur organisation par le tableau suivant :

impulsions rationnelles *(hormai logikai)*				
	Impulsion	**Répulsion**	**Impulsion**	**Répulsion**
	décontraction *(eparsis)* objet présent	contraction *(sustolê)* objet présent	inclination *(orexis)* objet absent	recul *(ekklisis)* objet absent
impulsions raisonnables *(eupatheiai)*	Joie *(chara)*	« le mal présent n'affecte pas le sage » (Cic. *Tuscul.* IV 14)	Volonté *(boulêsis)* (lat. *voluntas)*	crainte, précaution *(eulabeia)*
impulsions déraisonnables = passions *(pathê)*	Plaisir *(hêdonê)*	peine, souffrance *(lupê)*	Désir *(epithumia)*	Peur *(phobos)*

Une des principales spécificités de ces impulsions rationnelles est qu'elles sont généralement des états durables, ou plus exactement visent des états durables, ce qui les distingue des formes rudimentaires d'impulsion, les seules que connaissent les bêtes. Bon nombre de nos impulsions portent en effet sur des actes momentanés, dont la réalisation mettra fin à l'impulsion qui les a engendrées : marcher [2], boire une boisson [3]. Mais les impulsions raisonnables comme la volonté et le choix, de même que les impulsions déraisonnables comme le désir portent dans bien d'autres cas sur des états durables. « Comme les impulsions, les choix, inclinations, volontés portent sur

1. Cf. *SVF* III 395, 397, 398, 401, 409, 414.
2. Sénèque, *Lettres*, 113, 18 (*SVF* III 169, LS 53 Q).
3. Clément d'Alexandrie, *Stromates* VII 7, 2 (*SVF* III 176).

des prédicats, mais nous choisissons et nous voulons des biens [...] : ce que nous choisissons, c'est d'avoir la sagesse et le discernement moral non pas, pardieu, de nous comporter occasionnellement de manière sage ou avec discernement, ce qui constitue des prédicats et des incorporels »[1]. En effet, à strictement parler, nous choisissons (le choix, *hairesis*, est une des sous-espèces de la volonté) par exemple la possession du discernement moral, mais non pas de faire preuve d'un discernement occasionnel parce que celui-ci n'est pas le but ultime d'un choix raisonnable. Nous voulons et nous désirons non pas un héritage, une connaissance, ou un État de droit, mais nous voulons et nous désirons détenir un héritage, détenir la connaissance, détenir nos droits de citoyens : c'est sur ces choses que portent nos passions comme nos « bons sentiments », c'est sur elles aussi que portent nos souhaits et nos prières (*SVF* III 176). Sans doute peut-on dire à la fois que nous choisissons de nous comporter sagement dans une circonstance donnée et que nous choisissons de posséder la sagesse, mais se comporter sagement est ce qui doit être choisi (*haireteon*) en vue de la possession de la sagesse, et c'est la possession de la sagesse qui est le véritable objet du choix (*haireton*) (*SVF* III 89). Or la seule chose qui puisse faire l'objet de l'impulsion des bêtes, c'est une action circonstanciée, et non la recherche d'un état durable. Les deux traits distinctifs de l'impulsion rationnelle, sa subordination à l'assentiment et sa capacité à être raisonnable ou déraisonnable, sont en définitive étroitement liés : c'est parce que l'homme est doué de raison qu'il peut refuser ou non son assentiment à ses représentations impulsives et rechercher plus que la

1. Stobée, *Eclog.* II 7, p. 97, 22-98, 6 (*SVF* III 91).

satisfaction des stimulations immédiates et l'accomplissement de l'action.

L'Impulsion dans le stoïcisme d'Épictète et l'émergence des notions de personne et de volonté

Dans le stoïcisme d'Épictète, la division traditionnelle des impulsions rationnelles se voit remplacée par une division entre *hormê* et *orexis* : Épictète leur ajoute l'assentiment pour former les trois activités de l'âme et les trois domaines de la philosophie. Pour lui, *orexis* et *ekklisis* ne sont plus l'inclination et le rejet, les deux formes pratiques de l'impulsion ; ce sont deux fonctions de l'âme différentes de l'impulsion et de la répulsion. Les trois principales fonctions de l'âme sont donc l'*orexis* conçue comme « désir », l'*hormê* conçue comme « tendance » et l'assentiment conçu de la même façon que dans l'ancien stoïcisme. Pierre Hadot a résumé très clairement la différence entre désir et tendance : « le désir est en quelque sorte une volonté inefficace, et l'impulsion active (ou tendance) une volonté qui produit un acte. Le désir se rapporte à l'affectivité, la tendance à la motricité. Le premier se situe dans le domaine de ce que nous éprouvons, plaisir et douleur, et de ce que nous souhaitons éprouver : c'est le domaine de la passion (...). La seconde se situe, au contraire, dans le domaine de ce que nous voulons et ne voulons pas faire : c'est le domaine de l'action »[1]. L'*orexis* et l'*ekklisis* prennent donc la place de l'*eparsis* et de la *sustolê* traditionnelles, tandis que la tendance

1. P. Hadot, *La citadelle intérieure*, *op. cit.*, p. 144. *Cf.* A.-J. Voelke, *L'idée de volonté dans le stoïcisme*, *op. cit.*, p. 132, et B. Inwood, *Ethics and Human Action in Early Stoicism*, *op. cit.*, p. 116-117.

(*hormê*) et la répulsion prennent la place de l'*orexis* et de l'*ekklisis* traditionnelles. Cette nouvelle répartition des facultés de l'âme a pu avoir deux motifs. Le premier, c'était de faire correspondre trois facultés de l'âme aux trois parties de la division traditionnelle de la philosophie stoïcienne : l'assentiment correspond à la logique, la tendance à l'éthique et le désir à la physique [1]. Le second, c'était peut-être d'harmoniser quelque peu la philosophie stoïcienne classique avec les trois facultés de l'âme traditionnelles dans le platonisme que Posidonius s'était efforcé de réintroduire dans le stoïcisme : ainsi, malgré tout ce qui sépare Épictète de Platon, l'assentiment selon Épictète semble-t-il se superposer à la raison platonicienne, la tendance au « cœur » (*thumos*), cette version platonicienne de la volonté, et enfin le désir (*orexis*) selon Épictète au désir (*epithumia*) selon Platon.

Quoi qu'il en soit des raisons qui ont poussé Épictète à cette nouvelle répartition des fonctions de la partie hégémonique de l'âme, ces trois fonctions se trouvent intimement liées à deux autres notions, centrales dans le stoïcisme d'Épictète : la notion de *prohairesis* (le « choix préliminaire ») et celle d'« usage des représentations ». Le terme de *prohairesis*, dont Aristote avait déjà fait un large usage, apparaît aussi dans l'ancien stoïcisme, où il désigne une des formes d'impulsion rationnelle, mais il ne paraît pas y avoir eu une importance considérable et nous savons seulement que les premiers stoïciens lui donnaient le sens d'un « choix avant le choix » [2] sans que

1. Voir ci-dessus, p. 19-20.

2. Stobée, *Eclog.*, II 7, p. 87, 21 (*SVF* III 173). Voir le commentaire de B. Inwood, *Ethics and Human Action*, *op. cit.*, appendix 2, « The kinds of impulse », p. 224-242.

nous puissions en déterminer précisément le sens[1]. Chez Épictète, le terme prend au contraire une importance considérable[2]. C'est pour lui ce qu'il y a « de plus haut » (*Entretiens* II 23, 11), de « plus puissant » (I 10, 1), de « plus fort » (II 23, 18), la seule chose à laquelle on puisse se fier (III 26, 24), et que Zeus lui-même ne peut vaincre (I 1, 23). La *prohairesis* devient donc chez Épictète la forme privilégiée d'impulsion rationnelle, mais dépasse manifestement le cadre tracé à l'impulsion dans le stoïcisme ancien, pour devenir le terme générique désignant « tout ce qui est en notre pouvoir » (I 12, 9) et que rien d'extérieur ne peut contraindre. Épictète associe étroitement cette faculté à ce qu'il appelle « l'usage des représentations »[3]. En l'homme, la faculté qui fait usage des représentations, c'est la raison (I 1, 6) et ce qui distingue l'homme, c'est qu'il est un « animal susceptible d'user rationnellement de ses représentations » (III 1, 25). Non seulement il peut

1. A.-J. Voelke, *L'idée de volonté, op. cit.*, p. 144. Il n'y a guère qu'une lettre probablement apocryphe de Zénon, où celui-ci explique que « celui qui aspire à la philosophie (…) incline manifestement à la noblesse de caractère non seulement par nature mais par choix délibéré (*prohairesei*) » (D.L. VII 8). Voelke la commente en ces termes : « Dans cette phrase, la *prohairesis* n'est pas un choix relatif, exprimant une simple préférence, mais une intention concourant avec les dispositions naturelles pour déterminer l'orientation morale de l'individu. Comme telle, elle doit nécessairement précéder les actions singulières. »

2. *Cf.* A. Bonhöffer, *Epictet und die Stoa*, Stuttgart, F. Enke, 1890, p. 118-119, p. 259-261 et A.-J. Voelke, *L'idée de volonté*, *op. cit.*, p. 142.

3. Épictète, *Entretiens*, III, 22, 103. *Cf.* A.-J. Voelke, *L'idée de volonté*, *op. cit.*, p. 145, n. 3. Sur la *prohairesis*, voir *ibid.*, p. 142-160 et désormais voir aussi mon article « La *prohairesis* chez Épictète : décision, volonté ou "personne morale" ? », *Philosophie antique*, 5 (2005), p. 93-133 et A. Long, Epictetus. A Stoic and Socratic Guide to Life, Oxford, Oxford University Press, 2002, p. 210-222. Sur l'usage des représentations, voir T. Bénatouïl, *Les Stoïciens*, *III*, *Musonius, Épictète, Marc Aurèle*, Paris, Les Belles Lettres, 2009, p. 97-125.

recevoir des impressions sensibles, mais aussi les manipuler. Les animaux ont comme nous des représentations ; mais ils n'ont pas la capacité de retenir et de combiner leurs représentations pour forger des représentations non sensorielles, imaginaires ou conceptuelles (I 6, 10-13), et de donner ou de retenir leur assentiment. La providence divine a fait les animaux pour nous servir de nourriture, nous aider à labourer (I 6, 18), ou à porter des fardeaux (II 8, 7). Pour accomplir ces tâches, pour se nourrir et se reproduire, les animaux n'ont besoin que d'un usage rudimentaire de leurs représentations (I 6, 14 ; II 8, 7-8). Seul l'homme a, par la raison, la capacité d'user différemment de ses représentations : s'il en était autrement, il n'y aurait pas de raison pour que les bêtes nous soient soumises (II 8, 8). Épictète précise que « la fonction de l'homme moralement bon, c'est d'user de ses représentations conformément à la nature » et que ce qui est naturel, c'est d'« acquiescer au vrai », de « répugner au faux », de « s'abstenir dans l'incertitude », d'« être enclin au bien », de « repousser le mal », « d'être indifférent pour ce qui n'est ni bien ni mal » (III 3, 1-2). C'est cela qui est en notre pouvoir. C'est dans cette faculté qu'Épictète place notre liberté : « est libre celui à qui tout advient conformément à ce qu'il a choisi (*kata prohairesin*) et qui ne rencontre pas d'obstacle » (I 12, 9). N'est pas libre celui qui n'a pas conformé son choix à la volonté divine, car il rencontrera nécessairement des obstacles à la réalisation de ses projets : il faut « apprendre à vouloir chaque événement tel qu'il se produit » pour être libre (I 12, 15). La liberté n'est donc pas liberté de choisir au hasard, mais l'absence d'obstacle une fois la volonté soumise à celle de l'univers. La *prohairesis* s'expose elle-même à l'échec si elle met toute son énergie à obtenir ce qui ne dépend pas d'elle (*Manuel*, 1).

« Rien d'autre qu'elle-même ne peut vaincre la *prohairesis* » (*Entretiens* I 29, 12).

Or, Épictète dit aussi que ce qui est en notre pouvoir, c'est l'opinion, la tendance, le désir (*Manuel*, 1) : il assimile donc assez clairement cette capacité de choisir qu'est la *prohairesis* à l'ensemble des trois facultés rationnelles qui sont aussi l'objet des trois domaines principaux de la philosophie. Rien n'est plus clair que le texte suivant :

> Homme, tu possèdes une capacité de choisir (*prohairesin*) qui par nature ne peut être entravée ni contrainte. (...) Je te le montrerai d'abord dans le domaine de l'assentiment. Y a-t-il quelqu'un qui puisse t'empêcher d'adhérer au vrai ? Personne. Et quelqu'un qui puisse te contraindre à admettre le faux ? Personne. Tu vois bien que, en ce domaine, tu possèdes une capacité de choix qui ne peut être ni entravée, ni contrainte, ni empêchée. Eh bien ! En est-il autrement dans le domaine du désir (*orektikou*) et des tendances (*hormêtikou*) ? Qui peut vaincre une tendance (*hormê*), sinon une autre tendance ? un désir et une aversion (*orexin kai ekklisin*), sinon un autre désir ou une autre aversion ? (I, 17, 21-24)

La *prohairesis* est donc ce qui est au pouvoir de l'homme, dans l'exercice des trois principales facultés de l'âme. Épictète oppose souvent la capacité de choix et le corps, le moi et le corps. Je ne suis ni ce que je possède, ni ma chair, mais ce choix (III 1, 40). Comme cela a été souligné à plusieurs reprises [1], la notion devient ainsi très proche d'une conception de la personne morale et de

1. A.-J. Voelke, *L'idée de volonté*, *op. cit.*, p. 153-160 ; Ch. Kahn, « Discovering the Will », dans J. Dillon et A.A. Long (eds.), *The Question of Eclectism*, Berkeley, California University Press, 1988, p. 252-253. On se reportera également au livre de Voelke et à l'article de C. Kahn dans leur ensemble pour de plus amples développements sur la question de la volonté dans le stoïcisme.

l'identité personnelle. La raison n'y a pas un caractère impersonnel, mais une dimension individualisée et personnelle. La capacité à choisir se construit jour après jour, dans l'exercice, la connaissance et la maîtrise de soi.

C'est aussi dans la notion de *prohairesis* que se développent les linéaments d'une notion de volonté qu'esquisse l'ensemble du stoïcisme. Il est évident en effet que la notion stoïcienne de l'impulsion pratique comme mouvement de l'âme qui porte l'homme à l'action de façon consciente et autonome est déjà très proche de la notion de volonté et annonce les débats sur le libre-arbitre de la volonté qui se développeront dans la philosophie d'Augustin et des théologiens médiévaux. La conception qu'Épictète se fait de la *prohairesis*, parce qu'il la comprend tout ensemble comme une capacité de juger, de désirer et de causer nos actions, développe encore une autre notion de la volonté proche de celle de Descartes, pour qui les jugements, et non pas seulement nos actes, sont des opérations de la volonté [1].

LES PASSIONS

Le terme *pathos* tel que le comprennent les stoïciens ne comprend pas seulement des émotions violentes, comme l'amour, l'ambition, la jalousie, mais aussi un grand nombre d'états d'esprit comme la colère, la pitié, ou l'ennui [2]. Sous

1. *Cf.* Descartes, *Méditations* IV, AT IX, 45-46 : « par l'entendement seul, je n'assure ni ne nie aucune chose, mais je conçois seulement les idées des choses que je peux assurer ou nier. (...) D'où est-ce donc que naissent mes erreurs ? C'est à savoir, de cela seul que la volonté étant beaucoup plus ample et plus étendue que l'entendement, je ne la contiens pas dans les mêmes limites » ; *Principes de la philosophie*, I 34, AT IX-II, 39 : « la volonté est absolument nécessaire afin que nous donnions notre assentiment à ce que nous avons aucunement aperçu. »

2. C'est ce que font remarquer à juste titre LS, vol. II, p. 535.

le désir, les stoïciens rangent en effet la colère, la passion amoureuse, les désirs sexuels intenses, tous les désirs violents, y compris la gloutonnerie et l'ivrognerie, l'amour des plaisirs, le désir de richesses, l'amour des honneurs ; sous le plaisir, le sadisme, l'avarice, l'ivresse, l'autosatisfaction, l'imposture ; sous la peur, la frayeur, la perplexité, l'hésitation, la honte, l'angoisse, la superstition, l'étonnement, la terreur ; sous la peine, la pitié, la jalousie, l'envie, la haine, le souci, l'ennui, le chagrin [1]. Ils ont donc une compréhension beaucoup plus large que nous de la notion de passion, comme c'était généralement le cas dans l'Antiquité. Toutefois, leur originalité n'est pas là, mais dans leurs définitions et dans leur explication des causes des passions. Cette originalité est bien mise en évidence par Cicéron : « tandis que les anciens pensaient que les passions étaient naturelles et n'avaient rien à voir avec la raison et qu'ils plaçaient le désir dans une partie de l'âme et la raison dans une autre, Zénon était en désaccord avec cette conception » (Cicéron, *Ac.* I 39 = *SVF* I 207). Zénon comme Chrysippe concevaient donc que la passion ne relève pas d'une partie de l'âme différente de celle dont relève la raison et que ce n'est pas en invoquant une partie irrationnelle de l'âme que l'on peut expliquer le mécanisme des passions : dans la partie hégémonique de l'âme, « il n'y a rien d'irrationnel » [2].

La première définition stoïcienne de la passion remonte à Zénon : il la définissait comme « un mouvement de l'âme déraisonnable et contraire à la nature » ou comme une « impulsion débridée » [3]. Selon Thémistius, *In de anima* III 5,

1. D. L. VII 111-114 ; Stobée, *Eclog.* II 7, p. 90, 19-91, 9 (*SVF* III 394, LS 65 E).

2. Plutarque, *Vertu morale* 3, 441 D (*SVF* III 459, LS 65 G).

3. D. L. VII, 110 (*SVF* I 205).

p. 107, 14-18, « les émules de Zénon soutiennent que les passions de l'âme humaine sont des perversions de la raison, et des jugements erronés de la raison » (*SVF* I 208). D'après Plutarque, la passion est pour les stoïciens « la raison pervertie et sans retenue, à cause d'un jugement superficiel et erroné qui a pris de la force et de la vigueur » [1]. Quant à Chrysippe, il est censé avoir écrit dans son traité *Sur les passions* que les passions sont des jugements (*kriseis* [2]), ou plus précisément « des jugements et des opinions perverties » [3] ou « des opinions et des jugements superficiels » [4]. Galien met en évidence la différence entre les définitions de Zénon et de Chrysippe pour laisser entendre qu'il s'agit de deux conceptions différentes : « Chrysippe dans le premier livre du traité *Sur les passions* s'efforce de montrer que les passions sont un certain type de jugement de la partie rationnelle de l'âme, tandis que Zénon pense que ce ne sont pas les jugements eux-mêmes, mais les mouvements de contraction (*sustolas*) et d'effusion (*diakuseis*), de décontraction (*eparseis*) et de retombée (*ptôseis*) qui les accompagnent » [5]. Ces deux conceptions sont tout à fait cohérentes avec les définitions attribuées par ailleurs respectivement à Zénon et à Chrysippe, puisque les divers mouvements mentionnés par Galien correspondent à des formes d'impulsion. Cela suffit-il à indiquer une divergence de vues sur ce point entre les deux auteurs ? C'est peu probable : Galien attribue aussi à Chrysippe la définition de Zénon selon laquelle la passion serait un « mouvement contre nature de l'âme et une impulsion

1. Plutarque, *Vertu morale* 3, 441 D (*SVF* III 459, LS 65 G).
2. D. L. VII 111 (*SVF* III 456).
3. Plutarque, *op. cit.*, 446 F (*SVF* III 459).
4. Cicéron, *Des fins* III 35 (*SVF* III 381).
5. Galien, *PHP* V 1, 4, p. 292, 17-20 (*SVF* III 461).

débridée »[1]. C'est confirmé par Plutarque, qui assimile les deux définitions : d'après lui, « le désir, la colère et la peur et toutes les choses de ce genre sont des opinions et des jugements pervertis, qui ne se produisent pas dans une certaine partie de l'âme, mais sont des penchants, des adhésions, des assentiments, des impulsions et d'une façon générale des activités susceptibles d'un renversement rapide qui relèvent de l'ensemble de l'hégémonique »[2].

Il n'en reste pas moins que l'assimilation dans la définition de la passion des deux facultés de l'âme que sont l'impulsion et l'assentiment (notamment sous la forme du jugement et de l'opinion) demande quelque éclaircissement. Or, nous avons déjà vu Stobée affirmer que « toutes les impulsions sont des assentiments »[3] et nous avons essayé d'en élucider le sens. Nous avons dû distinguer un premier mouvement de l'âme, hors de notre contrôle et provoqué par la représentation impulsive, de l'impulsion à proprement parler, qui est en quelque sorte le développement de l'impulsion initiale, et à laquelle seul l'assentiment pouvait donner libre cours. Si l'idée que les passions sont à la fois des impulsions débridées et des assentiments a quelque sens, c'est sans doute que les passions sont les impulsions proprement dites, et non pas les premiers mouvements de l'âme. Que ce soit bien ainsi qu'il faille comprendre la passion est confirmé par l'analyse de la passion que donne Sénèque :

> Aucune des émotions qui frappent l'esprit fortuitement ne doit être appelée une passion : celles-là, pour ainsi dire, l'esprit les subit plutôt qu'il ne les crée. Donc la

1. *Ibid.*, IV 2, 8, p. 240, 13 (*SVF* III 462, LS 65 J).
2. Plutarque, *Vertu morale* 7, 446 F (*SVF* III 459, LS 65 G).
3. Stobée, *Eclog.* II 7, p. 88, 1 (*SVF* III 171, LS 33 I). Voir ci-dessus, p. 103, 106-107.

> passion consiste non pas à être ému par la représentation des choses, mais à s'y abandonner et à suivre ce mouvement fortuit. En effet, si on pense que la pâleur, les flots de larmes, l'excitation de l'humeur obscène, un profond soupir, l'éclat soudain des yeux ou tout autre phénomène analogue est le signe d'une passion ou la manifestation de notre esprit, on se trompe et on ne comprend pas qu'il s'agit de simples pulsions corporelles. L'homme le plus courageux pâlit tandis qu'il s'arme pour le combat ; au signal de la bataille, les genoux du plus féroce guerrier se mettent à trembler ; le cœur du grand général se met à battre avant que les armées ne s'entrechoquent ; les extrémités des membres de l'orateur le plus éloquent se glacent alors qu'il se prépare à parler. La colère ne doit pas seulement se mettre en branle, elle doit se donner libre cours, car c'est une impulsion ; or il n'y a pas d'impulsion sans assentiment de l'esprit (...). Quelqu'un se croit lésé, il veut se venger, il en est dissuadé par une cause quelconque : je n'appelle pas cela de la colère, mais un mouvement de l'âme qui se soumet à la raison. La colère, c'est ce qui transgresse la raison et qui l'entraîne avec elle. Donc cette première agitation de l'âme que suscite la représentation du dommage n'est pas plus de la colère que la représentation du dommage elle-même ; la colère est l'impulsion qui s'ensuit, qui a non seulement perçu la représentation du dommage, mais qui lui a donné son assentiment, c'est une excitation volontaire de l'esprit qui se dirige volontairement et délibérément vers la vengeance. (*De la colère* II, 3 1-5)

Dans un autre passage (I 16, 7), Sénèque attribue à Zénon cette distinction entre les passions et ce qui n'en est que l'ombre. Et Épictète, dans un texte cité par Aulu Gelle, *Nuits attiques* XIX 1, et que celui-ci dit conforme à l'enseignement des premiers stoïciens, donne une explication semblable de la différence entre le premier mouvement de l'âme et l'impulsion accompagnée d'assentiment. Dans une telle description de la passion, on ne peut pas séparer l'impulsion de l'assentiment, puisque la passion n'est pas le premier mouvement de l'âme [1] mais le développement que connaît cette impulsion une fois que l'assentiment lui a laissé libre cours. L'analyse de Sénèque rappelle aussi que le libre cours laissé à cette impulsion ne signifie pas un cours normal, mais un véritable débordement : comme un fleuve en crue, l'impulsion déborde des berges que constitue la raison et les emporte sur son passage. C'est là très précisément le sens de l'expression « impulsion débridée » (*hormê pleonazousa*) qui revient fréquemment dans les définitions de la passion. Chrysippe commentait en effet cette expression par comparaison avec un homme emporté par une course effrénée. Lorsqu'un homme marche normalement, il contrôle son déplacement et peut s'arrêter ou changer de direction à volonté. Il n'en va pas de même d'un homme qui court : emporté par son élan, le coureur n'a plus le contrôle immédiat de ses mouvements. Il en va pareillement avec l'impulsion débridée de la passion : il n'est plus possible de la contrôler. Elle désobéit à la symétrie naturelle de l'impulsion et à la raison, si bien qu'elle est dite contre nature ou déraisonnable [2]. Si au contraire on avait refusé son assentiment à la représentation impulsive, l'impulsion serait restée cantonnée dans des limites raisonnables, et on aurait eu alors un des « bons sentiments ».

1. Dans ce texte, Sénèque conçoit le premier mouvement tantôt comme un mouvement de l'âme, tantôt comme un mouvement du corps : vraisemblablement, cela vient de ce que c'est un mouvement qui se produit dans l'âme, mais qui est directement causé par le corps. Sur les émotions pré-passionnelles ou *propatheiai*, voir M. Graver, *Stoicism and Emotion*, Chicago, The University of Chicago Press, 2007, p. 85-108.

2. Galien, *PHP* IV 2, 14-18, p. 240-30-241, 11 (*SVF* III 462, LS 65 J).

Reste à expliquer pourquoi l'impulsion se donne ainsi libre cours sans frein ni retenue. À l'exception de Posidonius, les stoïciens refusent l'explication traditionnelle par le rôle d'une partie irrationnelle de l'âme. La passion est une « impulsion déraisonnable », mais non pas une impulsion irrationnelle. Chrysippe disait employer « déraisonnable » dans le sens de « désobéissant à la raison et se détournant de la raison »[1]. Cela signifie que « déraisonnable » a un sens précis, irréductible à celui d'« irrationnel », même si c'est le même terme grec (*alogos*) qui signifie les deux[2]. Mais cela signifie aussi que « la passion n'est pas n'importe quel jugement, mais le jugement qui suscite une impulsion violente et débridée »[3], et que par conséquent la passion est « déraisonnable » en un sens particulier : il ne s'agit pas d'un raisonnement mal conduit[4]. Si quelqu'un s'est trompé, par exemple en croyant que les atomes sont les premiers principes des choses, il suffit qu'on lui démontre son erreur pour qu'il abandonne son jugement, mais il ne suffit pas que l'on démontre à quelqu'un qu'il ne devrait pas se laisser aller au chagrin ou à la crainte pour qu'il renonce à sa passion[5]. Le jugement faible, perverti et superficiel qui a provoqué l'excès de l'impulsion peut très bien coexister avec la représentation que la passion ou les actes que celle-ci entraîne sont mauvais. Il y a dans la passion un effet d'entraînement : une fois qu'on a acquiescé à une représentation impulsive erronée et qu'on lui a donné libre cours, la raison ne suffit plus à se débarrasser de la passion. Inversement, l'opinion fausse peut subsister sans

1. Galien, *PHP* IV 2, 12, p. 240, 23-24 (*SVF* III 462) ; *cf.* Stobée, *Eclog.* II 7, p. 89, 4-5 (*SVF* III 378, LS 65 A).
2. Philon, *De sacrificio*, 46 (*SVF* III 375).
3. Plutarque, *Vertu morale* 9, 449 C (*SVF* III 384).
4. Galien *PHP* IV 4, 17 p. 254, 18 (*SVF* III 476, p. 126, l. 30).
5. Stobée, *Eclog.* II 7, p. 89, 18-90, 6 (*SVF* III 389, LS 65 A).

que la passion persiste, si l'impulsion se relâche d'elle-même : « Il me semble, écrivait Chrysippe, que l'opinion reste ce qu'elle est, à savoir que l'on est confronté à un mal, mais qu'avec le temps la contraction se relâche ainsi, je pense, que l'impulsion qui accompagne la contraction »[1].

Chrysippe illustrait ce qui se passe dans la passion par l'exemple de Médée. Médée, délaissée par Jason, a décidé de se venger de lui en tuant leurs enfants. Chrysippe citait les vers d'Euripide (*Médée*, v. 1078-1079) : « Je sais bien que ce que je veux faire est mal, mais mon courroux est plus fort que mes résolutions ». Il les commentait en disant que Médée n'était pas persuadée par un raisonnement qu'il était bon qu'elle tue ses enfants et qu'elle n'était nullement aveuglée, mais que sa colère était plus forte que ses délibérations : elle « n'est pas soumise à la raison et ne la suit pas comme son maître mais rejette ses rênes et désobéit aux ordres donnés »[2]. Lorsque Hercule tue ses propres enfants en croyant que ce sont ceux d'Eurysthée, il commet une erreur, car il donne son assentiment à une représentation fausse[3]. Non seulement Médée ne commet pas d'erreur de cette sorte : qui plus est, elle sait qu'elle se nuit à elle-même, car sa vengeance la touchera aussi, dit Épictète (*Entretiens* II 17, 20). Selon la formule fameuse d'Ovide : « Je vois le meilleur et je l'approuve mais je suis le pire » (*Métamorphoses* VII 20-21). Le désir de vengeance est simplement plus fort, car elle a donné son assentiment à la représentation de l'offense subie et à celle qu'il serait bon de s'en venger. Médée voit le mal qu'elle va faire, mais « elle pense qu'il lui est plus profitable de se laisser

1. Galien, *PHP* IV 7, 14, p. 284, 7-9 (*SVF* III 466, LS 65 O).
2. Galien, *PHP* IV 2, 27, p. 244, 5-7.
3. Sextus, *AM* VII 405-407 (LS 40 H).

aller à la colère et de se venger de son mari que de sauver ses enfants » (Épictète, *Entretiens* I 28, 7). Là où Médée est déraisonnable, c'est qu'elle se représente la même action comme à la fois profitable et nuisible. Elle s'est laissé aller à sa première représentation impulsive de l'offense subie et de l'agrément de la vengeance, au mouvement spontané de son âme, sans plus se rapporter à sa prénotion du bien. C'est en ce sens qu'elle tourne délibérément le dos à la raison. Nous ne pourrons clairement comprendre ce que cela veut dire qu'en tâchant de comprendre comment les stoïciens concevaient la raison.

LA RAISON

Raison et droite raison

La raison (*logos*) est, comme l'assentiment, conçue par les stoïciens comme spécifique aux animaux rationnels. Chrysippe définit la raison comme « un assemblage de certaines notions et prénotions »[1]. Cette conception de la raison pourrait remonter à Zénon[2] et est encore vivace dans le stoïcisme impérial : Épictète la définit comme « un ensemble cohérent de représentations d'un genre déterminé »[3]. En parlant de représentations d'un genre déterminé (*poiôn phantasiôn*), Épictète pense vraisemblablement à des notions et des prénotions, qui sont précisément les formes « emmagasinées » des représentations « rationnelles ». Seule la capacité rationnelle à dépasser l'accumulation des souvenirs singuliers pour former des notions

1. Galien, *PHP* V 3, 1, p. 304, 35 (*SVF* II 841, LS 53 V) : ἐννοιῶν τέ τινων καὶ προλήψεων ἄθροισμα.

2. Jamblique lui attribue l'idée que la raison « est constituée (συναθροίζεσθαι) de sensations et de représentations (φαντασίων) » (cité par Stobée, *Eclog.* I 48, p. 317, 23-24 = *SVF* I 149).

3. Épictète, *Entretiens*, I 20, 5 : σύστημα ἐκ ποιῶν φαντασιῶν. Le terme de « système » (*sustêma*) employé ici par Épictète est généralement attesté dans les définitions stoïciennes de la *technê* ou de la science : *cf.* [Galien], *Def. med.* 8, p. 350, 7-8 (*SVF* II 93) ; Philon, *De congressu*, 141 (*SVF* II 95) pour la *technê* ; Stobée, *Eclog.* II 7, p. 73, 19-74, 3 (*SVF* III 211) pour la science.

génériques des choses et les combiner artificiellement pour former de nouvelles notions [1] permet la constitution d'une raison. Sans capacité à former des notions, il ne peut donc y avoir de raison, puisque la raison se constitue précisément à partir des notions. C'est ce qui permet de considérer les notions comme une forme de représentations « rationnelles » : cela ne signifie pas qu'elles présupposent une raison, mais tout au contraire qu'elles la constituent. Pour les stoïciens, la raison n'apparaît donc pas comme une faculté de raisonner, comme nous l'entendrions : c'est d'abord un ensemble de notions [2].

L'homme a donc une constitution qui lui permet d'acquérir naturellement une raison, puisqu'il est capable de former des notions et des prénotions. Précisément, la raison n'est donc pas innée au sens où elle serait donnée à l'homme dès sa naissance [3]. La raison se forme au fil des sept premières années de la vie, par l'acquisition des notions et celle-ci ne peut être complète qu'à l'âge de sept ans [4]. C'est ce que nous appelons « l'âge de raison ». Encore la raison ne sera-t-elle véritablement achevée qu'au terme d'une seconde période de sept années, à quatorze ans [5]. C'est la raison comme système de notions et de prénotions qui permet les représentations compréhensives rationnelles des hommes, puisque c'est grâce aux prénotions que sont saisies les choses (D. L. VII 42). En effet, une représentation rationnelle est celle qui peut être manifestée dans le

1. *Cf.* ci-dessus, chap. 3, p. 68-73.

2. *Cf.* M. Frede, « The Stoic notion of reason », dans K. Boudouris (ed.), *Hellenistic Philosophy*, vol. II, Athènes, p. 54.

3. Jamblique, cité par Stobée, *Eclog.* I 48, p. 317, 23 (*SVF* I 149, *SVF* II 835).

4. [Plutarque], *Plac.* IV 11, 900 C (*SVF* II 83, LS 39 E).

5. Stobée, *Eclog.* I 48, p. 317, 24(*SVF* I 149).

langage[1] : par exemple, « ceci est un cheval », « cela est un chien »[2]. Dans une telle représentation, la manifestation des qualités sensibles dans les organes des sens se combine avec une certaine notion de la nature de l'objet de cette représentation et la pensée reconnaît dans ce que lui transmettent ses sens une qualité commune avec des objets semblables de représentation. Cette forme de reconnaissance suppose de se représenter un caractère commun, ce qui n'est permis que par une notion : c'est pourquoi elle sera considérée comme un trait spécifique des représentations rationnelles. Ceci sera valable aussi pour les représentations impulsives : toutes les impulsions humaines seront rationnelles en ceci qu'elles supposent la combinaison de la représentation d'une chose ou d'un fait avec les prénotions morales comme celles du bien et du mal, du juste et de l'injuste[3]. Une impulsion raisonnable sera celle qui sera correctement rapportée aux prénotions morales, une impulsion déraisonnable sera celle qui ne se soumet plus à la raison et qui ne rapporte plus la détermination de son action à ce que lui commande la raison mais à l'impulsion du moment et à la force entraînante de la représentation présente. Que Médée se détourne de la raison signifie qu'elle ne se soumet plus au système de prénotions morales qui constitue sa raison, mais à la force de la représentation de l'offense subie. C'est en ce sens que Médée désobéit à

1. Sextus, *AM* VIII 70 (*SVF* II 187, LS 33 C).

2. Cicéron, *Ac.* II 21 (LS 39 C).

3. Nous savons que Posidonius disait que, dans un procès ou un débat politique, la qualification d'un fait est « rapportée à une notion » (*kat'ennoian* : Posidonius F 189 = Quintilien, *Institution oratoire* III 6, 37) : la qualification d'un fait consiste dans la rhétorique à dire s'il est juste ou injuste, profitable ou nuisible (Cicéron, *De l'invention* I 12). Donc la qualification morale d'un fait consiste bien pour Posidonius à le rapporter à une notion.

la raison : Médée ne se conforme plus au système de prénotions que constitue sa raison, elle laisse ses représentations se subordonner entièrement à une certaine prénotion de ce qui lui est profitable, aux dépens de la prénotion du bien et du mal, comme à celle plus spécifique de son devoir de mère, et elle se laisse influencer par la vivacité de l'opinion erronée d'un mal présent, qui est immédiatement induit par le pincement de cœur produit involontairement[1].

Il y a en effet deux principes fondamentaux en ce qui concerne les prénotions : elles sont communes à tous les hommes, aucune prénotion n'en contredit une autre (Épictète, *Entretiens* I 22, 1). Les stoïciens tiraient vraisemblablement argument du premier principe pour considérer la prénotion comme un des critères de la vérité (D. L. VII 54). Mais ce qui fait difficulté, c'est que les prénotions ne sont vraies qu'à proportion de leur généralité. Les hommes ont une tendance naturelle vers la vertu et le bien et ressentent les mêmes choses[2]. Aussi est-ce sans doute pourquoi la prénotion est pour Chrysippe un critère : elle traduit une nature commune, des sensations partagées, qui s'érigent naturellement en notions dont la formation naturelle garantit le bien-fondé. Mais une prénotion, « naturellement implantée dans l'âme et préconçue par elle », a encore besoin d'être « développée » et articulée[3].

1. Dans les passions que sont la peine et le plaisir, l'opinion « vivace » ou « fraîche » (*prosphatos*, *recens*) d'un mal ou d'un bien présent qui est déterminante : *cf.* Andronicos, *Passions* 1 (*SVF* III 391, LS 65 B); Cicéron, *Tusculanes* III 25 (*SVF* III 385). Stobée identifie cet impact vivace qui agit comme un aiguillon aux *stimuli* physiques involontaires que sont les « contractions » et les « décontractions » de l'âme (*Eclog.* II 7, p. 88, 22-89, 3 = *SVF* III 378, LS 65 C).

2. Stobée, *Eclog.* II 7, p. 65, 8 (*SVF* I 566, LS 61 L).

3. Cicéron, *Topiques* 31.

Les prénotions ne se contredisent pas les unes les autres, parce qu'elles sont très générales et sans contenu déterminé. Nous avons vu en effet qu'il fallait distinguer deux types de notions, les prénotions, qui se forment naturellement, et les notions, qui sont le fruit de l'étude et de l'enseignement[1]. Comment développe-t-on une prénotion ? Par l'enseignement et par l'étude c'est-à-dire que l'on explique les prénotions en les définissant. Comme l'explique Cicéron, les prénotions doivent faire l'objet de définitions et aussi entrer dans des processus de division et de classification[2]. C'est ainsi que les prénotions forment un système cohérent, et pas seulement un simple agrégat de notions indéterminées. La raison n'est droite que si les notions y forment un système articulé et cohérent. C'est ce qui explique l'importance que les stoïciens accordaient à la logique et tout particulièrement à la dialectique.

La contradiction entre les notions surgit quand celles-ci sont mal articulées entre elles dès que l'on cherche à les appliquer aux cas particuliers : Agamemnon et Achille ont la même prénotion selon laquelle il faut agir comme on le doit et accomplir de belles actions, mais « l'un dit qu'il ne faut pas rendre Chryséis à son père, l'autre qu'il faut la rendre » (Épictète, *Entretiens* I 22, 5-6).

Que se passe-t-il dans le cas de Médée ? C'est qu'elle cesse de suivre sa raison en ce sens que la prénotion de son profit est la seule qu'elle suit. En ce qui concerne Achille, il applique mal sa prénotion du devoir, parce qu'il se laisse dominer par la représentation du butin qui lui est dû (I 22, 7-8). Les prénotions ne sont pas en principe en contradiction les unes avec les autres, et dans un cas comme

1. Voir p. 76-80.
2. Cicéron, *Topiques* 31 ; Augustin, *Cité de Dieu*, VIII, 7 (*SVF* II 106).

dans l'autre, toute la faute consiste à les mettre en contradiction, à faire jouer l'une d'entre elles contre toutes les autres. L'origine de la faute est dans le fait de ne plus se rapporter qu'à une seule prénotion dans la représentation de la situation présente, au lieu de s'efforcer de rapporter cette représentation présente au système complet des notions et prénotions. C'est en ce sens que le fautif se détourne de la raison.

Quand un tel état devient chronique, et que prénotions et notions sont perpétuellement en lutte et en contradiction les unes avec les autres, on a affaire à une véritable maladie de l'âme : de même qu'il y a une santé de l'âme qui consiste dans la force et le *tonus* de l'âme et dans l'harmonie des prénotions dans la raison, il y a une maladie de l'âme qui consiste dans sa faiblesse et son atonie et dans la dysharmonie des notions dans la raison[1]. Dans ces conditions, l'âme n'a plus de force dans son assentiment et ses jugements parce qu'elle se laisse sans cesse dominer par une notion différente et change par conséquent sans cesse de passions. Les âmes faibles sont celles qui n'ont ni cohérence ni fermeté dans leur raison, et dont les revirements perpétuels usent et détendent le *tonus* de l'âme, c'est-à-dire la tension du souffle psychique. Cet état chronique est la source des passions des âmes faibles, qui sont instables et changeantes. Mais ce n'est pas la source d'une passion comme celle de Médée, qui est la passion d'une « âme forte » : Médée est « d'un grand caractère »[2]. Médée ne passera pas d'une passion à l'autre : elle persistera dans sa passion jusqu'à la mort.

1. Galien, *PHP* V 2, 20-33, p. 298, 23-300, 36 (*SVF* III 471) ; 47-51, p. 304, 10-27 (471 a).

2. Épictète, *Entretiens* II 17, 19 ; *cf.* 17, 21.

Il ressort aussi de tout cela que si tout homme a une raison, elle n'est pas nécessairement correcte. Il convient donc de distinguer la raison de la raison droite ou correcte (*orthos logos*). Cette droite raison est donnée à tous les hommes comme leur est donnée la raison[1] en ce sens qu'elle est répandue à travers toutes choses, en tant qu'elle est la loi commune, identique à Zeus (D. L. VII, 88), c'est-à-dire qu'elle est la nature elle-même. D'après les stoïciens, l'univers entier est en effet composé de deux principes, un principe producteur et un principe passif. « Le principe passif, c'est le substrat sans qualité, la matière ; le principe producteur, c'est la raison qui est en elle, Dieu ; car Dieu, qui est éternel, crée toute chose à travers toute la matière » (D. L. VII 134). Il y a un *pneuma*, un souffle psychique répandu à travers tout l'univers, comme il y en a un répandu à travers le corps humain, et ce souffle constitue donc l'âme de l'univers, un Dieu organisateur de la matière, de même qu'en l'homme l'âme inclut un souffle physique qui organise naturellement le corps. Mais cette âme est rationnelle comme celle de l'homme et par conséquent elle a une raison. Cette raison de l'univers en est la loi : c'est une droite raison qui « ordonne ce qu'il faut faire, interdit ce qu'il ne faut pas faire »[2]. Les anciens stoïciens employaient pour désigner cette loi de l'univers les mêmes expressions (*logos prostaktikos, apagoreutikos*) que lorsque Chrysippe décrivait l'impulsion humaine comme « la raison de l'homme lui ordonnant d'agir »[3]. Et Marc Aurèle parle fréquemment de l'*impulsion* de la nature. Zeus, en tant

1. Cicéron, *Lois* I, 33 (*SVF* III 317).

2. Alexandre d'Aphrodise, *Du destin*, 35, p. 207, 8-9 (*SVF* II 1003, LS 62 J) ; Stobée, *Eclog.* II 7, p. 96, 10-11 (*SVF* III 613) ; p. 102, 5-6 (*SVF* III 614).

3. Plutarque, *Contr. Stoic.* 11, 1037 F (*SVF* III 175, LS 53 R).

que droite raison et loi de l'univers, se comporte comme les hommes soumettant leurs impulsions à leur raison. Or, pour Chrysippe, la recherche de la droite raison est précisément ce en quoi consiste la philosophie [1] et c'est la vertu elle-même qui peut être appelée droite raison [2] : c'est assez dire que la droite raison, même si elle est donnée à tout le monde en tant que loi de l'univers, n'est personnellement détenue que par les sages, qui seuls agissent vraiment selon cette loi, car seuls ils la possèdent en eux, au lieu d'y être soumis comme à une force extérieure. Seul le sage est *légal* car seul il suit la loi et agit conformément à ce que celle-ci ordonne, car seul il est capable d'interpréter la loi [3]. Et si seul il est capable d'interpréter la loi et de s'y conformer, c'est parce qu'en lui seul la raison est droite comme elle est en Zeus.

RAISONNEMENT, LANGAGE PROFÉRÉ ET *LOGOS* INTÉRIEUR

Pour Platon, la structure même de la pensée est une espèce de dialogue intérieur : « Pensée (*dianoia*) et discours (*logos*) sont identiques, sauf que c'est le dialogue intérieur et sans voix de l'âme avec elle-même que nous avons appelé *pensée* » (*Sophiste*, 263e). Dans un tel dialogue, l'âme se parle à elle-même, « s'interrogeant et se répondant, disant oui et non » (*Théétète*, 189e-190a). On voit quelque chose : « Qu'est-ce que peut bien être ce qui apparaît debout, près du rocher, sous un arbre ? » (*Philèbe*, 38cd). L'âme finit par donner une réponse, « soit lentement, soit plus rapidement », et cette réponse à laquelle elle s'arrête

1. Isidore de Péluse, *Lettres*, V, 558.
2. Cicéron, *Tusculanes* IV 34 (*SVF* III 198).
3. Stobée, *Eclog.* II 7, p. 96, 15 (*SVF* III 613) ; p. 102, 8-10 (*SVF* III 614).

constitue une opinion (*doxa*) (*Théétète*, 190a). Même si l'on retrouve les mêmes termes chez les stoïciens, ils s'appliquent à des réalités différentes : la *dianoia* n'est plus une faculté de l'âme, mais la partie hégémonique de l'âme, elle ne s'identifie plus au *logos*, enfin la *doxa* n'est pas la réponse à une question, mais une forme d'assentiment. On trouve pourtant chez les stoïciens un *logos endiathetos* (généralement traduit par « intérieur »), opposé à un *logos prophorikos* (proféré), qui ressemble beaucoup à l'opposition platonicienne entre la pensée comme dialogue intérieur et le langage proprement dit comme émission d'un courant vocal (*Sophiste*, 263e). La distinction des deux *logoi* était selon les stoïciens l'un des traits distinctifs des hommes et des bêtes : « ils disent que l'homme ne diffère pas des animaux irrationnels par le discours proféré (car les corbeaux, les perroquets et les pies profèrent des sons articulés), mais par le *logos endiathetos* »[1]. Sextus ajoute à cette distinction des deux discours en l'homme la distinction de la représentation simple commune à tous les animaux et de la représentation « inférentielle et synthétique » propre à l'homme[2]. Faut-il comprendre que le discours intérieur dont il est question ici est la raison, comprise en quelque sorte comme la pensée dans le *Sophiste* de Platon ? Ce serait en contradiction avec la description spécifiquement stoïcienne de la raison comme système de notions et de prénotions. En fait, il est clair dans l'explication de Sextus que la spécificité du *logos endiathetos* est liée la spécificité des représentations humaines, « inférentielles et synthétiques ». Porphyre qui s'accorde avec Sextus pour faire de la différence entre le *logos prophorikos* et le *logos endiathetos* l'un des traits distinctifs entre les hommes et

1. Sextus, *AM* VIII 275 (*SVF* II 135).
2. *Cf.* chapitre 3, section 4, p. 68.

les bêtes, glose la distinction par l'idée de « disposition » (*diathesis*), opposée à la profération[1]. Ce qu'il veut dire par là est à vrai dire loin d'être clair, mais l'opposition telle qu'il la présente semble être entre un langage proféré et une « disposition intérieure » que Porphyre rapproche du « dialogue silencieux » de l'âme dans le *Sophiste*, mais ce n'est pas dans ce sens que va la présentation de la notion par Sextus. L'approche de Sextus semble confirmée par Galien, qui dit lui aussi que le *logos endiathetos* est « c'est par quoi que nous connaissons consécution et incompatibilité »[2]. Il semble donc que s'il est exact de dire que la raison chez les stoïciens est moins une faculté de raisonner qu'un ensemble de notions, elle consiste aussi dans une certaine disposition propre à l'homme qui lui permet de combiner des propositions entre et faire des inférences, puisque ce *logos* correspond à des représentations « inférentielles et synthétiques ».

À cela, il faut ajouter que le langage proféré des hommes et différent du langage proféré, même articulé, des animaux. En effet, corbeaux, pies, perroquets sont capables, comme les hommes, de proférer des sons articulés. Ces sons peuvent même être les mêmes que les nôtres et par conséquent, ils sont en un sens signifiants. Mais en réalité, chez les corbeaux et les perroquets, comme chez les enfants qui commencent à peine à parler, les « mots ne sont pas des mots », mais de simples « images » des mots. La différence entre le langage articulé des oiseaux et des enfants et celui des hommes est, selon Chrysippe, que dans le premier les mots ne sont pas « placés » : les mots ont bien une signification,

1. Porphyre, *De l'abstinence* III 2, 3 : « Il y a deux *logoi*, dont l'un consiste dans la profération, et l'autre dans la disposition ».

2. Galien, *In Hippocratis de Med. Off. Comm.*, I 3, XVIII B, p. 649-650 (*SVF* II 135).

mais c'est par hasard, et les mots ne sont pas à leur place. En revanche, « celui qui parle en connaissance de cause range chaque mot à sa place » et, en parlant, « extériorise ce qu'il a dans la pensée »[1]. Un langage véritable ne suppose pas seulement les organes propres à la phonation : il faut aussi qu'il y ait dans l'âme une raison qui imprime ses notions dans la parole et que le langage chemine *à l'intérieur* du corps depuis le cœur jusqu'à la bouche d'où il est proféré. Pour Diogène de Babylonie, « le langage est émis après avoir reçu sa signification des notions qui sont dans l'âme comme si elle en avait reçu l'empreinte »[2]. On doit comprendre ici que nous n'avons pas la même chose que chez Platon, puisque la pensée au sens stoïcien n'est rien d'autre que la représentation rationnelle et diffère en ce sens du langage comme son signifiant, même si ce langage se met en place à l'intérieur avant d'être proféré. Malgré les apparences, le thème du langage « intérieur » dans le stoïcisme est donc très différent de la pensée comme dialogue intérieur chez Platon.

Il n'empêche qu'il semble exister aussi, aux yeux de Chrysippe, une manière de langage intérieur par lequel nous parlons en nous-mêmes. C'est en effet ce qui ressort assez clairement d'un extrait du traité *De l'âme* de Chrysippe conservé par Galien : « C'est à partir de la pensée qu'il faut, dit-il, parler, c'est-à-dire parler en soi-même ou déployer la voix (*phônên diexienai*), et il faut que ce soit le cœur qui pense, qui déploie la voix en nous-mêmes et qui la profère à l'extérieur »[3]. Ce déploiement de la voix

1. Varron, *La langue latine* VI 56 (*SVF* II 143).

2. Galien, *PHP* II 5, 12, p. 130, 15-16 (*SVF* III Diog. 29).

3. Galien, *PHP* III 7, 42, p. 220, 16-18 (*SVF* II 903). Il paraît indispensable ici de suivre le texte des manuscrits de plus près que ne le fait l'éditeur le plus récent de ce texte, Philip De Lacy. J'accepte la conjecture de Kühn, καὶ καρδίαν νοεῖσθαι : les manuscrits ont καρδίαν

en soi-même, Chrysippe ne semble bien l'assimiler ni au langage proféré, ni à la pensée proprement dite. D'une autre citation de Chrysippe par Galien quelques lignes plus haut et de son commentaire, il semble ressort aussi que Chrysippe distingue l'activité de pensée du *déploiement (diexodos)* intérieur de la parole, et du langage proféré [1]. C'est à un tel processus auquel semble penser Marc Aurèle (VIII 49) lorsqu'il dit qu'il faut toujours s'en tenir aux « premières représentations » : « ne dis rien de plus en toi-même ». Par exemple, « les représentations qui viennent d'abord » annoncent « qu'un tel a dit du mal de toi », mais non pas « que tu as subi un tort ». Il y aurait donc un discours intérieur (« Tu as subi un tort ») qui se superposerait à ce que les représentations font voir [2]. Ce parler en soi-

νοεῖσθαι, et De Lacy conjecture : καὶ διανοεῖσθαι. Le commentaire de Galien lui-même : τῆς καρδίας ἔργον εἶναι τὸ λέγειν (« c'est la tâche propre du cœur de parler ») semble indiquer qu'il faut lire de la façon la plus proche du manuscrit : καὶ καρδίαν νοεῖσθαι, en supposant une haplographie. L'ensemble de l'argument a pour fonction de montrer que le siège de l'hégémonique ou pensée doit être le cœur puisque la voix doit provenir de la pensée et que c'est précisément du cœur que proviennent nos activités de pensée et nos paroles (pour Chrysippe, il va de soi qu'activité de pensée et parole ont la même source, puisque la parole doit recevoir sa signification de la pensée).

1. Galien, *PHP* III 7, 34-35, p. 218, l. 27-33 (*SVF* II 903). Chrysippe distingue le « déploiement du discours » (*tou logou diexodos*), « parler » (*legein*) et « penser » (*nœisthai*) et dit que les trois activités ont lieu au même endroit. Galien décrit la pensée comme un « discours silencieux », reprenant manifestement la formule du *Sophiste* qui décrit la pensée comme un dialogue silencieux ; il distingue cela de l'activité qui consiste à « déclamer en nous-mêmes » et qu'il fait correspondre au « déploiement du discours ». Il est difficile de savoir jusqu'à quel point l'interprétation de Galien, influencée par le thème platonicien du discours intérieur est exacte, mais il n'en reste pas moins qu'il semble bien distinguer la pensée « silencieuse » d'une espèce de discours intérieur.

2. Sur ce passage, *cf.* P. Hadot, *La citadelle intérieure*, *op. cit.*, p. 121-122.

même est dans ce cas-là mal utilisé. Mais n'y a-t-il pas des cas où il peut s'avérer utile?

Les stoïciens pensent que la compréhension des réalités sensibles se fait par la sensation. Mais qu'il existe des dieux et qu'ils sont providentiels, ce sont là des choses que je ne comprends vraiment que par un raisonnement démonstratif (D. L. VII 52). Or, seule la compréhension est un assentiment dont je ne peux être détourné, et seule elle permet de constituer la science et la sagesse. Mais qu'est-ce qu'un raisonnement? C'est un *système* composé de prémisses et d'une conclusion (D. L. VII 45), qui est démontrée par les prémisses, de telle sorte qu'elle ne nous serait pas connue avec certitude sans ce raisonnement. Autrement dit, un raisonnement est un enchaînement de propositions. Or une proposition, c'est ce qui peut être exprimé d'une certaine forme de représentation, ce que nous disons quand nous faisons une assertion, ce qui est vrai ou faux (D. L. VII 66). Peut-être les stoïciens ont-ils pensé que l'on pouvait raisonner uniquement en coordonnant des représentations rationnelles qui ont pour objet des propositions, grâce à ces représentations inférentielles et combinatoires qui sont le propre des représentations humaines. Mais les dialogues intérieurs que l'on voit à l'œuvre chez Marc Aurèle ne vont pas en ce sens, et la manière dont Sénèque présente l'impulsion comme le résultat d'un petit dialogue intérieur non plus : « Il serait bon de marcher : je ne marcherai que si je me le suis dit et si j'ai donné mon assentiment à cette opinion » (Sénèque, *Lettres*, 113, 18). Même s'il est difficile de trouver des passages équivalents dans nos témoignages sur l'ancien stoïcisme, les passages de Chrysippe cités par Galien semblent admettre l'existence d'un tel discours intérieur de l'âme.

CONCLUSION

LE STOÏCISME COMME LIBERTÉ DE L'ÂME

En cherchant à comprendre comment les stoïciens se représentaient l'âme humaine, nous avons acquis les moyens de mieux comprendre la nature même de leur philosophie qui est au fond, selon le mot de Pierre Hadot, « une des attitudes fondamentales que l'homme peut prendre à l'égard de l'univers », au point d'être devenue ce nom commun par lequel nous désignons une fermeté d'âme devant les événements. Pour les stoïciens, cette fermeté n'a rien de métaphorique : il s'agit d'un souffle psychique tendu, et qui n'est pas soumis à des mouvements contraires, et à des impulsions soudaines, mais à cette droite raison qui constitue la vertu. Leur psychologie est inséparable d'une physiologie de l'âme, au contraire de la psychologie d'Aristote[1]. Chacun des phénomènes que nous ressentons psychologiquement

1. Il est vrai qu'en théorie Aristote plaide pour l'inséparabilité (cf. *De l'âme*, I, 1, 403a3-403b19), mais son propos est fondamentalement ambigu : la colère est à la fois un désir de vengeance et une ébullition du sang dans la région du cœur (403a29-403b3). En un sens, ce sont deux aspects qu'il ne faut pas séparer ; mais Aristote reconnaît aussi que la première définition est celle du dialecticien, la seconde celle du physicien. Et dans la *Rhétorique*, il ne traite que du premier sens, et il fait de même pour toutes les passions. Il ne suit donc guère ses propres recommandations. Sur ce point, voir P. Aubenque, « La définition aristotélicienne de la colère », *Revue philosophique*, 147 (1957), p. 300-317. Pierre Aubenque souligne que ce programme est réalisé dans le *Traité des passions* de Descartes : Descartes s'inspire bien évidemment du stoïcisme.

est décortiqué comme processus physiologique : représentation, assentiment, impulsion, raison sont des mouvements ou des modifications de la substance psychique. Que bien des aspects de cette physiologie nous paraissent faux ne doit pas nous faire oublier que cette psychologie a été extrêmement efficace et qu'elle a aidé des hommes à supporter les douleurs de la vie, mais aussi à agir, à s'améliorer eux-mêmes, et à contrôler leur propre existence. Pour les stoïciens, c'est en tâchant de mieux comprendre ce qu'est notre âme que nous pouvons mieux diriger notre vie.

Pour eux, même la science ou la vertu morale n'est pas une entité abstraite, mais une façon d'être de l'âme. Lorsque nous parlons de « la science » comme de l'ensemble des connaissances scientifiques que personne ne possède en totalité, et qui est d'ailleurs incapable de rendre compte de l'univers entier, nous parlons de quelque chose d'abstrait et qui n'existe pas. Lorsque les stoïciens parlent de la science, ils parlent d'un système de compréhensions, c'est-à-dire d'une façon pour l'âme de retenir en elle des notions fermes, assurées et claires. Ce sont deux choses très différentes.

Mais peut-être que la thèse la plus influente de la psychologie stoïcienne, c'est celle de l'autonomie de l'assentiment, qui a conduit à l'affirmation d'un libre-arbitre, que les stoïciens n'ont d'ailleurs pas appelé ainsi. Ils parlent seulement de liberté : pour Épictète, « est libre celui à qui tout arrive conformément à sa volonté, et que personne ne peut arrêter » (*Entretiens* I 12, 9). Cette thèse reprend l'un des paradoxes traditionnels des stoïciens, selon lequel « seul le sage est libre » [1]. Or, « il est nécessaire

1. Cicéron, *Paradoxes* c. 5 ; *Ac.* II 136 (*SVF* III 599) ; *Des Fins* IV 74 ; Origène, *In evang. Ioannis*, II 10 (*SVF* III 544) ; D. L. VII 121 ; Clément d'Alexandrie, *Stromates* II 4, 19, 4 (*SVF* III 619) ; Stobée, *Eclog.* II, p. 101, 17-20 (*SVF* II 593) ; Philon, *Sobr.* 56 (*SVF* III 603).

que les sages soient libres et qu'il leur soit possible de faire ce qu'ils veulent », tandis que les insensés « sont des esclaves et font ce qu'il ne leur est pas possible de faire » [1]. Diogène Laërce explique que le sage est libre parce que « la liberté est le pouvoir de décision sur sa propre action » [2]. Cicéron définit quant à lui la liberté comme « le pouvoir de vivre comme on veut » [3]. Or, le seul moyen de ne pas être contrarié dans ses desseins, c'est de ne pas chercher à aller contre la volonté divine, mais de vivre en conformité avec la loi de l'univers, cette droite raison de Zeus. De même que, dans une cité, ce sont les amis des rois qui sont libres, dans le monde, ce sont les amis des dieux qui sont libres [4]. En nous conformant à la volonté de l'univers, nous serons libres parce que notre volonté ne rencontrera pas d'obstacle. Être libre, c'est donc d'abord savoir ce qui nous est ordonné et ce qui nous est interdit [5]. Et par conséquent la liberté stoïcienne consiste à obéir à Dieu (Sénèque, *La vie heureuse* XV 7). C'est évidemment paradoxal.

Mais il est toujours possible de ne pas obéir à Dieu et il dépend de moi de m'y soumettre : « Ma volonté, Zeus lui-même ne peut la vaincre » (Épictète, *Entretiens* I 1, 23). C'est dans de telles assertions, formulées avec force par Épictète, qu'apparaît une anticipation de ce qu'Augustin appellera plus tard le libre-arbitre. Et cela n'est pas le moindre paradoxe des stoïciens, car les stoïciens sont déterministes, même en ce qui concerne les actions et les

1. Dion Chrysostome, XIV 16 (*SVF* III 356).

2. Diogène Laërce, VII, 121 : ἐξουσία αὐτοπpραγίας. On retrouve la même définition de la liberté dans la présentation du paradoxe par Origène, *In evang. Ioannis*, II 10 (*SVF* III 544).

3. Cicéron, *Parad. Stoic.* 5, 34.

4. Philon, *Quod omnis probus liber* 42-47 (*SVF* III 359-360).

5. Dion Chrysostome, XIV 16 (*SVF* III 356).

décisions des hommes [1]. Les stoïciens n'ont pas encore inventé le mot, mais l'idée est bien là quand ils disent que l'assentiment, l'impulsion, la volonté sont « en notre pouvoir ». Ce sont bien sûr surtout Épictète et Marc Aurèle qui ont utilisé cette formule. Mais elle semble avoir existé aussi dans l'ancien stoïcisme [2]. Or, sans doute, la physiologie stoïcienne admet-elle une influence de la constitution sur le caractère et les inclinations. Mais elle fait surtout valoir que les hommes ne peuvent rejeter leurs fautes sur le destin car ils en sont responsables. Certes, Médée n'aurait pas tué ses enfants si elle n'avait pas été en colère ; elle n'aurait pas été en colère si elle n'avait pas été jalouse ; elle n'aurait pas été jalouse si elle n'avait pas été amoureuse ; elle n'aurait pas été amoureuse si Jason n'était pas arrivé en Colchide ; il ne serait pas arrivé en Colchide s'il n'avait pas navigué sur l'*Argos* ; il n'aurait pas navigué sur l'*Argos* s'il n'avait pas coupé du bois sur le mont Pélion pour le construire. Mais tous ces événements ne sont que les

1. Sur ce paradoxe, voir V. Mikeš, *Le paradoxe stoïcien : liberté de l'action déterminée*, Paris, Vrin, 2016. Sur le comptabilisme stoïcien, voir aussi S. Bobzien, *Determinism and Freedom in Stoic Philosophy*, Oxford, Oxford University Press, 1998.

2. L'attribution de la formule *eph' hêmin* à Zénon est douteuse (*SVF* I 177). Mais Cicéron en emploie souvent la traduction latine *in nostra potestate* (Cicéron, *Ac.* II 37 ; 38 ; *Tusculanes* IV 14), et Alexandre d'Aphrodise utilise souvent l'expression (cf. *SVF* II 979 ; 981 ; 984 ; 1001, 1007). Même si Alexandre peut refléter le vocabulaire d'Aristote et du stoïcisme impérial, il est remarquable que ses textes sont chargés du vocabulaire de l'ancien stoïcisme et il n'est pas impossible qu'il témoigne de l'usage de l'expression dans l'ancien stoïcisme. On doit évidemment se méfier de l'apparition de l'expression dans des textes tardifs comme ceux d'Origène et de Némésius (*SVF* II 988 à 991). Le témoignage le plus probant est donc celui de Cicéron : on ne peut être certain que l'expression traduite par Cicéron est *eph' hêmin*, mais il est certain que Cicéron a rencontré l'idée. Sur cette question, voir mon article « *In nostra potestate* », *Lexis*, 25 (2007), p. 143-149.

circonstances de la colère de Médée. « La seule cause, c'est Médée »[1]. Chrysippe écrivait :

> C'est pourquoi les pythagoriciens disent : « Sache que les hommes ont des souffrances qu'ils ont choisies eux-mêmes », dans la pensée que les dommages qu'ils subissent sont en leur pouvoir et que c'est conformément à leur impulsion qu'ils commettent des fautes et qu'ils en souffrent les conséquences conformément à leur pensée et leur caractère. (Aulu Gelle, *Nuits attiques* VII 2, 12 = *SVF* II 1000, LS 62 D)

Chrysippe illustrait cela d'une comparaison fameuse, rapportée à la fois par Aulu Gelle et par Cicéron, *Du destin*, 41-43 : celui d'un cylindre de pierre. Si l'on pousse un cylindre sur une pente, ce geste est la cause initiale de son mouvement, mais on ne lui a pas donné la propriété de rouler, qui provient de sa forme. De même, les choses extérieures nous mettent en branle mais « l'impulsion de nos décisions et de nos esprits, ainsi que nos actions elles-mêmes, c'est la volonté propre de chacun et les propriétés de nos âmes qui les contrôlent »[2], parce que « notre assentiment est en notre pouvoir » (Cicéron, *Du destin*, 43). Certes le fait qu'une âme réagisse selon ses qualités propres relève du destin : c'est le fait d'une âme saine de ne pas commettre de fautes et de ne pas souffrir des coups du destin, et celui d'une âme rude et sans éducation de mal agir de sa propre impulsion, même sans que le destin l'y incite (Aulu-Gelle, § 8-9). Mais être vertueux ou vicieux, cela n'est pas donné par la nature : c'est ce qui est en notre pouvoir. Car la vertu est une disposition de la partie hégémonique de l'âme, une faculté engendrée par la raison,

1. Clément d'Alexandrie, *Stromates* VIII 9, 27 3-5 (*SVF* II 347).
2. Aulu Gelle, *Nuits attiques* VII 2, 11 (*SVF* II 1000, LS 62 D).

voire la raison elle-même conduite à sa perfection. La vertu est raison et science : à la fois ensemble de notions et compréhension ferme de celles-ci, qui permet d'agir infailliblement. Or, la vertu, tous les hommes naissent avec des inclinations pour elle [1], sans qu'elle nous soit donnée par la nature [2]. D'une âme qui naît table rase, rouleau de papyrus où nous écrivons nous-mêmes notre propre raison, il ne peut s'ensuivre qu'une âme responsable d'elle-même parce qu'elle se fait ce qu'elle est.

La raison que nous construisons, le caractère que nous nous donnons, tel est la part que nous prenons dans notre destin. L'homme n'a rien pour les stoïciens d'un *automate spirituel* et Dieu n'a pas décidé de mes actes dans la notion qu'il aurait de moi, comme chez Leibniz : la raison du monde prévoit mes actes, m'entraînera malgré moi si je lui résiste, mais « ma décision dépend de moi » (*Manuel*, 1), et la façon dont les choses se représentent à mon âme ne détermine pas non plus mon assentiment. Ce n'est ni l'esclave de Trimalcion, ni les choses elles-mêmes qui me disent : « Le pied droit devant ! » [3] La liberté telle que les stoïciens la comprennent peut paraître formelle ou paradoxale : le libre-arbitre tel qu'ils le conçoivent est réel, même s'il est déterminé, et d'une certaine manière, c'est eux qui l'ont inventé.

1. Stobée, *Eclog.* II 7, p. 65, 8 (*SVF* I 566, LS 61 L).
2. Clément d'Alexandrie, *Stromates* VII 3 (*SVF* III 224).
3. *Cf.* Leibniz, *Théodicée*, § 46.

CHRONOLOGIE DES PRINCIPAUX STOÏCIENS MENTIONNÉS

334-262	Zénon de Citium
331-232	Cléanthe d'Assos
env. 270	Ariston de Chio, disciple de Zénon, devient hétérodoxe
env. 285-après 222	Sphaïros du Bosphore
280/276-204	Chrysippe de Soles
240-152	Diogène de Séleucie ou de Babylonie
210-env. 129	Antipater de Tarse
185/180-110/109	Panétius de Rhodes
130-50/43	Posidonius d'Apamée
94-46	Caton d'Utique
4 av. J-C.-65	L. Annaeus Seneca (Sénèque)
(?)	Musonius Rufus
50/60-env. 135	Épictète
85-160/170	Arrien de Nicomédie
121-180	Marc Aurèle

RÉFÉRENCES BIBLIOGRAPHIQUES

TEXTES ANTIQUES

Textes stoïciens et recueils de fragments

ÉPICTÈTE, *Entretiens*, texte établie et traduit par J. Souilhé avec la collaboration d'A. Jagu pour les t. III et IV, 4 vol., Paris, Les Belles-Lettres, 1943-1969.

– *Entretiens, fragments et sentences*, introduction, traduction par Robert Muller, Paris, Vrin, 2015.

ARRIEN, *Manuel d'Épictète*, introduction, traduction et notes par P. Hadot, Paris, LGF, 2000 (texte grec : éd. de G. Boter, Berlin-New York, bt, 2007).

HIÉROCLÈS, « Hierocles, *Elementa Moralia* », a cura di G. Bastianini & A. Long, in *Corpus dei papiri filosofici greci e latini*, I, vol. 1**, Florence, p. 268-451 ; Hierocles the Stoic, *Elements of Ethics, Fragments and Excerpts*, by I. Ramelli translated by D. Konstan, Atlanta, SBL (Writings from the Graeco-Roman World 28).

LS = A. Long et D. Sedley, *Les philosophes hellénistiques*, traduction française par J. Brunschwig et P. Pellegrin, Paris, GF-Flammarion, 2001, vol. 2 « Les stoïciens ».

MARC AURÈLE, *Écrits pour lui-même*, texte établi et traduit par P. Hadot, Paris, Les Belles-Lettres, t. I, 1998 (texte grec : éd. de J. Dalfen, *Marci Aurelii Antonini Ad se ipsum libri XII*, Leipzig, BT, 1987).

MUSONIUS : Télès et Musonius, *Prédications*, traduit par A.-J. Festugière, Paris, Vrin, 1978 (texte grec : *Reliquiae* edidit O. Hense, Leipzig, BT, 1905).

PANÉTIUS : Panezio di Rodi, *Testimonianze*, edizione, traduzione e commento a cura di F. Alesse, Naples, Bibliopolis, 1997.

POSIDONIUS : I. *The Fragments*, edited by L. Edelstein and I.G. Kidd, Cambridge, Cambridge University Press, 1972 ; I. *The Commentary*, by I.G. Kidd, 1988 (2 tomes) ; III. *The Translation of the Fragments*, by I.G. Kidd, 1999 ; voir aussi Poseidonios, *Die Fragmente*, hrsg. Willy Theiler, Berlin-New York, De Gruyter, 1982.

SÉNÈQUE, *Entretiens. Lettres à Lucilius*, Paris, R. Laffont, 1993 (traductions de la collection Budé, CUF).

Les Stoïciens, textes traduits par É. Bréhier et édités sous la direction de P.-M. Schuhl, Paris, Gallimard, « Bibliothèque de la Pléiade », 1962.

SVF = *Stoicorum Veterum Fragmenta*, rassemblés et édités par Hans Von Arnim, Leipzig, Teubner, 1903-1905, 3 vol. ; *indices* par M. Adler, 1924, 1 vol.

Autres auteurs antiques

ALEXANDRE D'APHRODISE, *De anima libri mantissa*, edited by R. Sharples, Berlin-New York, De Gruyter, 2008.

– *Fat.* = *Traité du destin*, texte établi et traduit par P. Thillet, Paris, Les Belles Lettres, CUF, 1984.

– *Mixt.* = *Sur la mixtion et la croissance (De mixtione)*, texte établi, traduit et commenté par J. Groisard, Paris, Les Belles Lettres, CUF, 2013.

CALCIDIUS, *Commentaire au* Timée *de Platon*, édition critique, traduction française et notes par Béatrice Bakhouche, Paris, Vrin, 2011.

CICÉRON, *Ac.* = *Les Académiques / Academica*, traduction, note et bibliographie par J. Kany-Turpin, Paris, GF Flammarion, 2010.

– *Fat.* = *Traité du destin*, texte établi et traduit par A. Yon, Paris, Les Belles Lettres, CUF, 1933.

D. L. = Diogène Laërce, *Vies et doctrines des stoïciens* [livre VII des *Vies et doctrines des philosophes illustres*], trad. R. Goulet,

Paris, LGF, 2006 (texte grec : éd. T. Dorandi, Cambridge, 2013).
GALIEN, *PHP* = *De Placitis Hippocratis et Platonis*, éd. Philip De Lacy, Berlin, Akademie Verlag, CMG V 4, 1978-1980 (3 volumes).
PLUTARQUE, *Contr. Stoic.* = *Sur les contradictions stoïciennes*, texte établi par M. Casevitz et traduit par D. Babut, Paris, Les Belles Lettres, CUF, 2004.
– *Not. Comm.* = *Sur les notions communes contre les stoïciens*, texte établi par M. Casevitz et traduit par D. Babut, Paris, Les Belles Lettres, CUF, 2002.
[PLUTARQUE], *Plac.* = [Plutarque], *Opinions des philosophes*, texte établi et traduit par G. Lachenaud, Paris, Les Belles Lettres, CUF, 1993.
SEXTUS, *AM* = Sextus Empiricus, *Adversus Mathematicos*, with an English translation by R.G. Bury, Londres-Cambridge, Heinemann-Harvard University Press, LCL, vol. 2-4, 1933-1949.
– *P* = *Esquisses pyrrhoniennes*, introduction, traduction et commentaire par P. Pellegrin, Paris, Le Seuil, 1997.
STOBÉE, *Eclog.* = *Anthologii libri duo priores*, edidit K. Wachsmuth, Berlin, Weidmann, 1884.

ÉTUDES MODERNES

Ouvrages généraux sur le stoïcisme

GOURINAT J.-B., *Le stoïcisme*, Paris, PUF, « Que sais-je ? », 2007 (5 e édition revue, 2017).
— et Barnes, J. (dir.), *Lire les stoïciens*, Paris, PUF, 2009.
LONG A.A., *Hellenistic Philosophy*, Londres, Duckworth, 1974.
INWOOD B. (éd.), *The Cambridge Companion to the Stoics*, Cambridge, Cambridge University Press, 2003.
MULLER R., *Les Stoïciens. La liberté et l'ordre du monde*, Paris, Vrin, 2006.

Sur un philosophe stoïcien particulier

BÉNATOUÏL T., *Les Stoïciens*, III, *Musonius, Épictète, Marc Aurèle*, Paris, Les Belles Lettres, « Figures du savoir », 2009.

BRÉHIER E., *Chrysippe et l'ancien stoïcisme*, Paris, Presses Universitaires de France, 1951 [2].

HADOT I., *Sénèque. Direction spirituelle et pratique de la philosophie*, Paris, Vrin, 2014.

HADOT P., *La citadelle intérieure, Introduction aux* Pensées *de Marc Aurèle*, Paris, Arthème Fayard, 1992.

ILDEFONSE F., *Les Stoïciens*, I, *Zénon, Cléanthe, Chrysippe*, Paris, Les Belles Lettres, « Figures du savoir », 2000.

INWOOD B., *Reading Seneca. Stoic Philosophy at Rome*, Oxford, Clarendon Press, 2005.

LONG A.A., *Epictetus. A Stoic and Socratic Guide to Life*, Oxford, Oxford University Press, 2002.

VEILLARD C., *Les stoïciens, II, Le stoïcisme intermédiaire (Diogène de Babylonie, Panétius de Rhodes, Posidonius d'Apamée)*, Paris, Les Belles Lettres, « Figures du savoir », 2015.

Sur la définition de la philosophie et ses parties, voir

HADOT P., « Philosophie, discours philosophique et divisions de la philosophie chez les stoïciens », *Revue internationale de philosophie*, 45 (1991), p. 205-219.

IERODIAKONOU K., « The Stoic Division of Philosophy », *Phronesis*, 38 (1993), p. 57-74.

Sur la logique

FREDE M. *Die stoische Logik*, Göttingen, Vandenhoeck und Ruprecht, 1974.

GOURINAT J.-B., *La dialectique des stoïciens*, Paris, Vrin, 2000.

Sur la physique

DUHOT J.-J., *La conception stoïcienne de la causalité*, Paris, Vrin, 1989.

HAHM D., *The Origins of Stoic Cosmology*, Columbus, Ohio State University Press, 1977.

Sur l'éthique

FORSCHNER M., *Die Stoische Ethik*, Darmstadt, Wissenchaftlitche Buchgesellschaft, 1995.

INWOOD B., *Ethics and Human Action in Early Stoicism*, Oxford, Oxford University Press, 1985.

Sur l'âme

ANNAS J., *Hellenistic Philosophy of Mind*, Berkeley-Los Angeles-Londres, University of California Press, 1992.

CHIESA C., « Le problème du langage intérieur chez les stoïciens », *Revue internationale de Philosophie*, 178 (1991), p. 301-321.

COOPER J., « Posidonius on emotions », dans J. Sihvola et T. Engberg-Pedersen (eds.), *The Emotions in Hellenistic Philosophy*, Dordrecht, Kluwer, 1998, p. 71-111 [repris dans *Reason and Emotions : Essays on Ancient Moral Psychology and Ethical Theory*, Princeton, Princeton University Press, 1999, p. 449-484].

COULOUBARITSIS L., « La psychologie chez Chrysippe », dans O. Reverdin et B. Grange (éd.), *Aspects de la philosophie hellénistique. Entretiens de la fondation Hardt*, Vandœuvres-Genève, Fondation Hardt, 1986, p. 99-146.

FILLION-LAHILLE J., *Le* De Ira *de Sénèque et la philosophie stoïcienne des passions*, Paris, Klincksieck, 1984.

FREDE M., « Stoics and Skeptics on clear and distinct impressions », *Essays in Ancient Philosophy*, Oxford, Oxford University Press, 1987, p. 151-176.

– « The Stoic doctrine of the affections of the soul », dans M. Schofield & G. Striker (eds.), *The Norms of Nature. Studies in Hellenistic Ethics*, Cambridge-Paris, Cambridge University Press, 1986, p. 93-110.

– « The Stoic notion of reason », dans K. Boudouris (ed.), *Hellenistic Philosophy*, Athènes, International Center for Greek Philosophy and Culture, vol. II, 1994, p. 50-63.

GILL C., « Did Chrysippus understand Medea ? », *Phronesis*, 28 (1983), p. 136-149.

– *The Structured Self in Hellenistic and Roman Thought*, Oxford, Oxford University Press, 2006.

GLIBERT-THIRRY A., « La théorie stoïcienne de la passion chez Chrysippe et son évolution chez Posidonius », *Revue philosophique de Louvain*, 75 (1977), p. 393-435.

GOULET-CAZÉ M., « À propos de l'assentiment stoïcien », dans M.-O. Goulet-Cazé (éd.), *Études sur la théorie stoïcienne de l'action*, Paris, Vrin, 2011, p. 73-236.

GOURINAT J.-B., « L'origine des pensées : un bien commun des épicuriens et des stoïciens », dans E. Végléris (éd.), *Cosmos et psychè. Mélanges offerts à Jean Frère*, Hildesheim-Zürich-New York, G. Olms, 2005, p. 271-291.

– « Le traité de Chrysippe *Sur l'âme* », *Revue de Métaphysique et de Morale* (2005), p. 557-577.

– « La *prohairesis* chez Épictète : décision, volonté ou "personne morale" ? », *Philosophie antique*, 5 (2005), p. 93-133.

– « L'embryon végétatif et la formation de l'âme selon les stoïciens », dans L. Brisson, M.-H. Congourdeau, J.-L. Solère (éd.), *L'embryon dans l'Antiquité et au Moyen-Âge*, Paris, Vrin, 2008, p. 59-77.

– « À propos d'une conception antique de la vie : la nature et le vivant chez les stoïciens », dans M. Heeren et I. Schüssler (éd.), « *Penser la vie. Contributions de la philosophie* », *Études de lettres*, 281 (2008), p. 69-96.

– « Les définitions de l'*epistêmê* et de la *technê* dans l'ancien stoïcisme », dans J. Jouanna, M. Fartzoff, B. Bakhouche (éd.) *L'homme et la science*, actes du XVIe Congrès international de l'Association Guillaume Budé, Paris, Les Belles Lettres, 2011, p. 243-256.

– « Les polémiques sur la perception entre stoïciens et académiciens », *Philosophie Antique*, 12 (2012), p. 43-88.

– « Le discours intérieur de l'âme dans la philosophie stoïcienne », *Chôra*, 11 (2013), p. 11-22.

– « La gestation de l'animal et la perception de soi (Hiéroclès, *Éléments d'éthique*, col. I-III) », dans J.-B. Gourinat (éd.),

L'éthique du stoïcien Hiéroclès, Philosophie antique, Hors-série, 2016, p. 15-46.

– « Cicéron fondateur du probabilisme ? Remarques sur l'emploi du terme *probabilis* chez Cicéron » dans P. Galland et E. Malaspina (éd.), *Vérité et apparence. Mélanges en l'honneur de Carlos Lévy*, Turnhout, Brepols, 2016, p. 257-268.

GRAVER M., *Stoicism and Emotions*, Chicago, The University of Chicago Press, 2007.

HOYOS SÁNCHEZ I., « La théorie cognitive des passions chez Chrysippe : une opinion faible peut-elle se traduire par une *hormê pleonazousa ?* », *Philosophie Antique*, 16 (2016), p. 153-180.

IMBERT C., « Théorie de la représentation et doctrine logique », dans J. Brunschwig (éd.), *Les Stoïciens et leur logique*, Paris, Vrin, 1978, p. 223-249, 2 e édition 2006, p. 79-108.

INWOOD B., « Seneca and psychological dualism », dans J. Brunschwig & M. Nussbaum, (eds.), *Passions & Perceptions*, Cambridge-Paris, Cambridge University Press, 1993, p. 150-183.

IOPPOLO A.M., *Opinione e scienza. Il dibattito tra Stoici e Academici nel III e nel II secolo a. C.*, Naples, 1986.

– « Il monismo psicologico degli Stoici antichi », *Elenchos*, 8, 1987, p. 449-466.

– « Presentation and assent : a physical and cognitive problem in early Stoicism », *Classical Quarterly*, 40 (1990), p. 433-449.

KAHN C., « Discovering the Will », dans J. Dillon & A.A. Long (eds.), *The Question of Eclectism*, Berkeley, California University Press, 1988, p. 234-259.

LABARRIÈRE J.-L., « De la 'nature phantastique' des animaux chez les stoïciens », dans J. Brunschwig & M. Nussbaum (eds.), *Passions & Perceptions*, Cambridge-Paris, Cambridge University Press-MSH, 1993, p. 225-249.

LONG A.A., « Language and Thought in Stoicism », dans A.A. Long (ed.) *Problems in Stoicism*, Londres, The Athlone Press, 1971, p. 75-113.

– « Soul and body in Stoicism », *Phronesis*, 27 (1982), p. 34-57.

– « Representation and the Self in Stoicism », dans S. Everson (ed.), *Companions to Ancient Thought*, 2 : *Psychology*, Cambridge, Cambridge University Press, 1991.

MIKEŠ V., *Le paradoxe stoïcien : liberté de l'action déterminée*, Paris, Vrin, 2016.

MONTEILS-LAENG L., *Agir sans vouloir. Le problème de l'intellectualisme moral dans la philosophie ancienne*, Paris, Garnier, 2014.

MOREAU J., *L'âme du monde de Platon aux Stoïciens*, Paris, Les Belles Lettres, 1939.

REESOR M.E., *The Nature of Man in Early Stoic Philosophy*, Londres, Duckworth, 1989.

SCHUBERT A., « Die stoischen Vorstellungen », dans Kl. Döring und Th. Ebert (hrsg.), *Dialektiker und Stoiker*, Stuttgart, Franz Steiner, 1993, p. 271-289.

SEDLEY D., « Chrysippus on Psychophysical Causality », dans J. Brunschwig & Martha Nussbaum (eds.), *Passions & Perceptions*, Cambridge-Paris, Cambridge University Press, 1993, p. 313-331.

STEIN L., *Die Psychologie der Stoa*, Berlin, Calvary, 1886.

STRAATEN M. van, « Notes on Panaetius'theory of the constitution of man », *Images of Man in Ancient and Medieval Thought*, Louvain, Desclée de Brouwer, 1976, p. 93-100.

TIELEMAN T., « Diogenes of Babylon and Stoic embryology », *Mnemosyne*, 44 (1991), p. 106-125.

– *Galen and Chrysippus on the Soul. Argument and Refutation in the* De Placitis, *Books ii-iii*, Leyde-Boston, Brill, 1996.

– *Chrysippus'* On Affections. *Reconstruction and Interpretation*, Leyde-Boston, Brill, 2003.

VERBEKE G., *L'évolution de la doctrine du* pneuma *du stoïcisme à Saint Augustin*, Paris-Louvain, Desclée de Brouwer, 1945.

VOELKE A.-J., *L'idée de volonté dans le stoïcisme*, Paris, P.U.F., 1973.

– *La philosophie comme thérapie de l'âme*, Paris-Fribourg, Le Cerf-Éditions Universitaires de Fribourg, 1993.

TABLE DES MATIÈRES

Dépôt légal : septembre 2017
IMPRIMÉ EN FRANCE

Achevé d'imprimer le 4 septembre 2017
sur les presses de l'imprimerie « La Source d'Or »
63039 Clermont-Ferrand
Imprimeur n° 19632K

Dans le cadre de sa politique de développement durable,
La Source d'Or a été référencée IMPRIM'VERT®
par son organisme consulaire de tutelle.
Cet ouvrage est imprimé - pour l'intérieur - sur papier offset 90 g
provenant de la gestion durable des forêts,
produit par des papetiers dont les usines ont obtenu
les certifications environnementales ISO 14001 et E.M.A.S.